我有一個夢想

馬丁‧路德‧金恩

胡其瑞　著

三民書局

打開每個人心中的「想像盒」

七十多年前，法國著名作家「安東尼‧聖修伯里」寫過一本廣受歡迎並流傳至今的童話——《小王子》。書中那個好奇又好問的小男孩來自外星球，他純淨的心靈和真摯的感情，一直陪伴著我們地球上一代又一代人的成長。

作家聖修伯里曾經為小王子畫過一個可以讓綿羊居住的盒子。而作家自己也擁有一個珍寶盒，裡面收藏著老照片、舊信件和許多小玩意兒，他常常去翻弄這個盒子，想從中尋找創作的泉源。

三民書局的出版團隊也有這麼一個盛滿「想像」的大盒子，裡面匯集了編輯們經年累月的經驗、心得，以及來自作者、插畫家等的好主意和新點子。多年來，這個團隊不斷為小讀者們出版優秀的人物傳記、勵志叢書等。董事長劉振強先生認為這是出版人的使命，一個好傳統一定要延續下去，讓小讀者永遠有好書可讀，而且每一套書都要精益求精，各具特色。

因此，當我們開始構思下一套新書的方向，如何能夠既延續傳統，又能注入不同的角度和活力，呈現出一番新的面貌，便成為我們的首要考量。

編輯團隊圍坐在一起，慎重的打開我們的「想像盒」，希望從盒裡累積的智慧中汲取靈感。盒內的珍寶攤滿了桌面，眼前立即出現許多引導性的話語，大家一面仔細挑選，一面漸漸理出一個脈絡。

「書寫近代人物，更貼近小讀者的心靈。」

「介紹西方人物，增強小讀者對全球人物的興趣。」

「撰寫某個行業或某個領域中最有代表性的人物，他們的成就

對後世有重大影響，對小讀者有正面啟發作用。」

「多用說故事的方式寫作，以增加趣味性。」

「想像盒」就這樣奇妙的為我們搭起了一個框架，編輯團隊在這個架構中找到了方向，大家興奮的為新叢書定名為「近代領航人物」系列，並決定先從介紹西方人物入手。

框架既已穩固，該添進內容了。如何選取符合條件的撰寫對象，是編輯團隊的再次挑戰。我們又打開了「想像盒」……

「叮」的一聲，盒內跳出一個 "THINK" 的牌子，大家眼前一亮，「那不是 IBM 公司創始人湯姆士・華生的座右銘嗎？意思是要我們海闊天空的去想像，才能產生創意啊！」於是，話匣子打開了。

有人說：「我們每個人手裡都拿著手機，不需要長長的電話線連接，就能無遠弗屆的與人聯繫，但對有『無線電之父——馬可尼』之稱的這個聰明人，我們知道的並不多。」

有人說：「啊！有了，我們何不請最喜歡開飛機的聖修伯里帶大家到義大利去拜訪馬可尼呢？」

有人說：「馬可尼不是已經拍來電報，為我們安排好去巴黎看可可・香奈兒的時裝展示會了嗎？還要去倫敦聽約翰・藍儂的搖滾音樂演唱會哩！」

有人說：「我對時裝展示會沒有太大興趣，但是既然去了巴黎，我倒是很想去看看大文豪雨果筆下的聖母院，也許會碰見那個神祕的鐘樓怪人！」

有人說：「我希望去倫敦時，能走訪唐寧街十號，一睹英國第一位女首相，鐵娘子柴契爾夫人的丰采。」她輕輕咳嗽了一聲，接著說：「我的肺炎剛痊癒，是用了抗生素才治好的。聽說抗生素是英國

細菌學家弗萊明發現的，我也想順便彎去他在倫敦的實驗室參觀一下。」

有人附議：「那太好了，我可以在路邊書報攤買本英國大經濟學家凱因斯主編的《經濟期刊》來一讀。」

有人舉起手來，激動的說：「我原是個害羞沉默的人，自從去上了卡內基的人際關係課程後，才學到怎麼樣表達自己。我想說出我的心願，那就是去美國華盛頓的林肯紀念碑前，聆聽人權鬥士馬丁・路德・金恩博士精彩動人的演講〈我有一個夢想〉。再去附近的國會山莊，參加約翰・甘迺迪的就職典禮，聽他充滿領袖魅力的經典名言，『不要問國家能為你做些什麼，要問你能為國家做些什麼。』」

有人跟著說：「我是環保和人道主義的支持者。既然我們到了美國，我想去緬因州，到環保使者瑞秋・卡森收集海洋生物標本的海邊去走一走。也想去紐約的聯合國兒童基金會總部拜訪兒童親善大使奧黛麗・赫本。這兩位心靈和外表都美麗的女士，一直是我最崇敬的偶像。」

看到大家點頭同意，他急忙追加：「啊，如果還能去洋基球場觀看棒球巨星貝比・魯斯在球場啟用那天轟出的第一支全壘打，那我就太滿足了……」

編輯們彼此會心一笑，這是討論時常有的現象，抱著「想像盒」，天南地北，穿越時空。我們總嘗試以開放的思路，為「傳記」類型的叢書增添更多的新意。

這時一陣歡笑聲響起，原來是美國物理學家費曼為慶祝自己得到諾貝爾獎而開的派對。賓客中有許多知名之士，第一位登陸月球的太空人阿姆斯壯也在其中。聽說費曼正在調查挑戰者號太空梭故

障的原因，阿姆斯壯是他最好的太空顧問！費曼是位科學家，但他興趣廣泛，音樂、舞蹈樣樣精通。只見他隨著熱情洋溢的森巴舞曲，一面打著鼓，一面與現代舞創始人瑪莎・葛蘭姆翩然起舞。

「別鬧了！費曼先生。」門口走進一位胖嘟嘟，面無表情的老頭，把大家嚇了一大跳！只見他拿起手上的擴音器說了一聲「卡」，啊啊，難道他就是那位驚悚片大導演希區考克？

他嚴肅的接著說：「受世人景仰的南非自由鬥士曼德拉先生剛剛辭世。請大家起立致敬。」

我們這趟「穿越之旅」中的二十位人物即將登場，希望他們的領航故事也能開啟小讀者心中的「想像盒」，將來或可成為另一個新領域中的領航人，傳承發揚人類的智慧和文明。

在此特別感謝為小讀者說故事的作者們，除了正文之外，他們都特別增寫了一篇數百字的「後記」，提綱挈領的道出各撰寫人物對世界的影響，提供小讀者更明確的閱讀指標。同樣也感謝繪製精彩畫面的插畫家們，為使圖文搭配相得益彰，不惜數易其稿。對編輯團隊能讓叢書順利的如期出版，我心存感激。對充滿使命感、長期為小讀者做出貢獻的三民書局，我致上最高的敬意。

對您，選擇讀這套叢書，我誠懇的說聲「謝謝」。有您的支持，讓我們有信心為小讀者打造更多優良讀物。

2013 年歲末寫於臺北

作者的話

我有個夢想，夢想有一天，在喬治亞州的紅山頂上，
黑奴的孩子們，能和黑奴主人的孩子們像兄弟一樣並肩而坐。
——馬丁·路德·金恩

很多人第一次聽到「馬丁·路德·金恩」這個名字，首先想到的，大多是 16 世紀的宗教改革家——馬丁·路德，這個常犯的錯誤，我在故事的一開始已經寫到了。在還沒有開始撰寫本書以前，我對金恩博士的了解並不多。當我開始為了寫書而搜集資料的時候，才發現原來臺灣的出版品中，關於金恩的相關作品其實少得可憐。好不容易找到了，卻也只是關注於金恩在華盛頓所做的那一場演講的全文：〈我有一個夢想〉（而且通常是被當作「英文名著選讀」來看）。而針對金恩的生平傳記，竟然是相當罕見的。我希望透過這一本書，能幫金恩打打知名度，讓每一位讀者，都可以更認識這一位為了爭取黑人民權而喪命的「領航人物」。

為了讓大家可以更貼近金恩，我把我自己化身為金恩的好友——提姆·亞伯納西——一起進入了這個故事裡。在故事中，提姆是一個來自於 22 世紀的時空巡警。在未來的世界裡，因為時光機的發明，讓許多有心人士藉著時光機來到各個時代進行犯罪活動，時空巡警的任務，就是阻止這類的犯罪活動，以維護歷史的發展。由於提姆在金恩的檔案中發現了一

個時空罪犯的蹤影，因而認為金恩的死，與這個罪犯有關。所以，提姆決定回到 20 世紀將這個罪犯緝捕歸案，保護金恩的生命安全，但是沒有想到卻因此捲入了一場更大的陰謀當中。（什麼陰謀？看完這本書就知道啦！）

我把自己取名叫提姆‧亞伯納西有兩個意義，第一，提姆(Tim) 與時間的英文 Time 很接近，表示這是一個跟超越時空有關的故事；其次，亞伯納西其實真有其人，他的全名叫做勞夫‧亞伯納西，他是一位牧師，是金恩在黑人民權運動中的戰友。因為亞伯納西常常跟金恩一起被捕入獄，所以金恩常笑稱亞伯納西是他「永遠的牢友」。金恩也常開他的玩笑，說他每次在遊行運動中禱告時，都是張著眼睛，隨時注意有沒有危險。這樣的形象，其實頗符合提姆來自未來，以保護金恩為第一要務的特質。亞伯納西是金恩死前站在他身旁的其中一人，他也主持了金恩的葬禮，可以說他是金恩忠實的伙伴與追隨者。因此我認為，將提姆以亞伯納西的角色寫入故事當中，是很有意義的一件事。

這是一本以第一人稱撰寫的故事書，提姆就像是福爾摩斯身旁的華生一樣，為金恩記下他生命當中的點點滴滴，與金恩一起參與民權運動，也為金恩的所言所行而深深感動。當然，我必須承認，為了讓本書增加一點點懸疑和緊張的氣氛，我加上了一些看似與金恩無關的劇情，但是，我會把金恩帶給這個世界的影響，融入在這些「想像的劇情」當中。所以，這本書中的一字一句不見得都是完全真實的歷史，但是，每一個事件的發展順序，以及這些事件當中金恩所扮演的角色與影響，都是符合史實發展的。

最後，就像我在其他幾本書裡不厭其煩的對讀者叨絮：希望大

家不用太在意書中那些繁瑣的人物名稱，因為這會讓本書讀起來變得枯燥；其次，不用執著於考證本書故事與史實的相符程度，因為這會讓本書失去了許多的想像空間；最後，我希望讀者可以發揮更多的想像力，把自己當成是本書中的提姆，以第一人稱的想像，進入這個故事的時空裡，相信會讓本書讀起來更有意思。

寫書的人

胡其瑞

電子信箱：huchijui@gmail.com

　　筆名「出谷司馬」，臺北市立建國中學畢業，政大歷史系碩士，曾任中央研究院歷史語言研究所研究助理，目前為政治大學宗教研究所博士候選人。偶爾喜歡在部落格裡寫寫散文，發發牢騷；偶爾喜歡投投稿，然後因為文章被刊登而高興十天半個月。曾於報紙上發表〈餓的話，每日熬一鷹〉、〈兵變俱樂部〉、〈我的情報局鄰居們〉、〈兩個女人的戰爭〉以及〈我的 DIY 老爹〉等散文。曾出版三民書局世紀人物 100 系列叢書：《舌燦蓮花定天下：張儀》、《石頭將軍：吳起》、《運籌帷幄，決勝千里：張良》、《轉危為安救大唐：郭子儀》，以及小說新賞系列《東周列國志》等書。

我有一個夢想

馬丁・路德・金恩

目次

CONTENT

馬丁 · 路德 · 金恩

1929～1968

Martin Luther King, Jr.

楔　子

　　西元 2094 年，史上第一臺時光機器實現了人類第一次的時空旅行；十年之後，由於 K-974 引擎的發明和普及，時光機器的造價大幅降低，減少了時空旅行的風險與成本。然而，時空旅客頻繁的進出各個時代，往往不經意的影響了歷史的發展。有鑑於此，地球總署設立了「時空防護局」，由時空巡警來維護歷史的延續性，以免遭到有心人士破壞與操弄。故事，就從 2168 年的時空防護局大西洋司令部裡一間辦公室開始……

西元 2168 年 4 月 4 日　時空防護局大西洋司令部

「嘿！提姆，資訊室要送東西給你！」

我是提姆·亞伯納西，時空防護局大西洋司令部的少校軍官。今天是禮拜一，一個不想上班的日子，竟是在門鈴聲大作中開始。我打開門，資訊室的小曹用推車推了臺機器進來。

「這是什麼？」我問。

「這是總部新發下來的時空資訊顧問機器人，Data One，上次你不是說你的 Data X 常常當機嗎？老大後來就說要把新機器給你。」

小曹說的老大，就是我們司令部的司令，伊恩上校；時空資訊顧問機器人，就是可以隨時進入資料庫查詢歷史事件，並且能夠即時進行多項事件比對的資料庫系統。

小曹一邊拆開包裝的保麗龍，一邊按下啟動開關，Data One 便站起身，面向著我走過來，同時說：「亞伯納西少校，很高興為您服務！」

「你看，不錯吧？」小曹很自豪的說，「Data One 還包含了最新的人工智慧系統，比以前那一臺好太多了！你玩玩看，我先走了。」小曹說完就帶著一大堆的包裝材料離開了辦公室。

「嗯！那我就來看看你有什麼新功能吧！今天是……嗯……4 月 4 日，Data One 你先調出歷史上 4 月 4 日的重要事件吧！」

「收到！」Data One 隨即開始進行檢索，並且很快的在螢幕上顯示了結果：

1712 年：中國清代康熙皇帝推行「滋生人丁，永不加賦」制。

1721 年：英國國王喬治一世任命羅伯特‧沃波

爾為英國首相。

1814 年：法國皇帝拿破崙一世第一次退位。

1939 年：費薩爾二世加冕為伊拉克第三任國王。

1949 年：北大西洋公約組織成立。

1968 年：美國黑人民權運動領袖馬丁・路德・
　　　　金恩在田納西州孟非斯的旅館陽臺上
　　　　被槍殺身亡。

1968 年：阿波羅 6 號太空船發射升空。

1973 年：美國紐約世界貿易中心舉行剪綵儀式，
　　　　是當時世界上最高的摩天大樓。……

「我看看……」查詢歷史事件，是每個時空巡警每天的工作，我們透過總部的時空資料庫，查詢歷史上每天發生的重大事件，並且分析當中是不是由時空罪犯所造成的。

　　「世界貿易中心？是後來被飛機撞了以後垮掉的那一棟嗎？」

　　「是的。」

「那阿波羅 6 號呢？是不是本來要上月球，結果差一點回不來的那一艘太空船？」

「不是，那是阿波羅 13 號，阿波羅 6 號沒有載人。13 號是因為氧氣罐爆炸，所以只好用登月艙當救生艇返回地球。」

「那這一次的爆炸……」作為巡警的本能，都會對特殊的意外事件有點好奇。

「航太組的吉姆已經調查過了，是機件故障造成的爆炸。」

「好……那我再看看……馬丁‧路德？那個16 世紀的宗教改革家嗎？」

「不是！馬丁‧路德‧金恩是二十世紀的黑人民權運動領袖，跟那個馬丁‧路德不是同一個人。」

「喔……對……」我自己是黑人，所以對於黑人民權運動自然有種莫名的親切感，不免想要多了解一下。「1968 年被刺殺……有沒有歷史畫面？」

　　「有的，請稍等……」系統稍微運作了一下，立刻在螢幕上顯示了照片，「這是金恩被刺殺前的照片、這是金恩和朋友在旅館的照片、這是案發後警察到現場的照片、這是凶手詹姆斯‧厄爾‧雷的照片、這是……」

　　「等一下！上一張！」凶手的照片，讓我打了一個寒顫，「對，這一張，我的天啊！……快，幫我印出來。」印表機無聲的印出這張照片，我抓了照片，跑到老大的辦公室門口。

　　「亞伯納西報告！」

　　門咕嚕嚕的滑開了，從裡面飄出陣陣的煙霧，這是老大的雪茄菸，獨特的香草味中卻帶著淡淡的蘋果味。

　　「咳咳！」我不抽菸，所以一進門就被這雪茄菸嗆得一直咳嗽。

　　「嘿！提姆，」老大

往空中噴了一口煙，「你還是對菸味這麼敏感啊？我今天抽的這個雪茄可是 1980 年代才調配出來的新配方呢！你要不要嚐嚐看？」

「咳咳！拜託！老大！我勸你少抽點，為了大家的健康著想吧！」

「呵呵！」他漫不經心的繼續抽，「怎麼了？看你一副慌慌張張的樣子？」

「是的，我今天查詢時空資料庫的時候，發現刺殺馬丁・路德・金恩的凶手，就是那個種族極端主義者懷特！」

「2153 年逃走的種族極端主義者懷特？」我話還沒說完，老大眼睛一亮，站起身來接著說，「當真？你確定不是長得像而已？」

「不！」我斬釘截鐵的指著照片說，「你看，他額頭上的疤，就是前一次追捕行動中，被我們射中的傷口。我已經用電腦比對過，確定就是他！」

懷特，種族極端主義者，他自稱繼承了美國

三K黨*的精神，並且自認為是希特勒的信徒，宣稱要讓所有的有色人種從地球表面消失，使地球成為白人的天下。他在22世紀犯下多次的恐怖攻擊事件，被地球總署通緝，後來在2153年的追捕行動中搭乘時光機逃走了，到目前還無法掌握他的行蹤。老大伊恩，就是當時擔任搜查組組長的幹員。

「好傢伙！竟然逃到20世紀去了。」老大把門關了起來，「我得確認一下，這個貌似懷特的詹姆斯‧厄爾‧雷，他後來被捕了嗎？」

「他於1968年被捕，1969年被判刑九十九年。但是他在1977年越獄，從此以後就像從人間蒸發一樣，成為一團謎。」

「嗯……呼呼，」老大把煙噴向天花板，「確實有點詭異。」

*三K黨：發源自美國南北戰爭後一個奉行白人至上的恐怖組織，也是美國極端種族主義的代表。三K黨人的主要特徵，是戴著白色的蒙面頭套，以暴力的手段，對有色人種（特別是黑人）進行攻擊。

「老大，可以讓我去調查嗎？」

他沉思了半晌，說：「好！提姆，這件事就交給你了！你負責前往 1968 年將懷特逮捕歸案！你的任務，是要盡一切努力，保護金恩的安全。不過……」他停了停又說：「這件事情茲事體大，我希望只有我們兩個人知道就好了。」

「可是，」我有點遲疑，「作業程序中不是說，時空巡警出勤時都要向總部報告嗎？」

「是沒錯……」他似乎欲言又止，「就這樣子吧！事不宜遲，你趕快準備出發！」

「是！」我向老大敬了個禮，轉身離去。

「還有！」老大叫住我，「記得時空巡警守則第一條嗎？」

「盡一切可能維護歷史發展，對吧？」

「呵呵！」老大點點頭，對著天花板又噴了一口濃濃的煙。

　　　　●　☆　●　☆　●　☆　●

新一代的時光機器分為兩種，一種是傳送個

人的時空膠囊；另一種是可以承載多人的時空飛艇。由於我是一個人前往西元 1968 年，也就是金恩被刺殺的那一年，所以搭乘時空膠囊就可以了。那是個大約比一個人高一點的透明膠囊狀機器，進行時空移轉的巡警只要躺進去膠囊裡，就可以開始時空旅行，相關數據的輸入，都由 Data One 來幫忙就可以了。

我躺在時空膠囊裡，Data One 遞給我一隻手表，說：

「這隻手表可以和在 22 世紀的我進行通訊，有什麼問題就直接跟我說，我會把資料傳輸給你。」

「手表？我們之前不都是用平板電腦？而且這隻手表好土喔！」

「如果你在 1960 年代帶著一臺平板電腦在街上閒晃，你不覺得很突兀嗎？我選了一隻復古風的通訊手表給你。」說完，Data One 按下按鈕，膠囊無聲的蓋起，我突然感覺到一股莫名的焦

慮。

Data One 開始讀秒：「時間：1968 年 4 月 1
日，地點：美國田納西州，你有三天的時間可以
找到並保護金恩先生。祝你好運！時空膠囊啟動，
五、四、三……程式錯誤！」

「什麼？」我正要坐起身，結果卻撞到時空
膠囊的蓋子，時空移轉瞬間啟動！這是什麼倒楣
故事的開始？

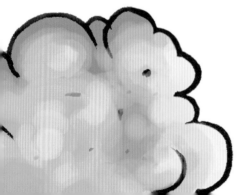

01

與少年金恩的邂逅

　　等我恢復意識的時候，發現自己正躺在一個馬廄裡的稻草堆上。旁邊那匹馬似乎因為我壓住了牠的晚餐，不斷的用鼻孔呼著氣想把我趕走。我抬頭看見馬廄的屋頂有一個人形的破洞，終於知道為什麼我的背會這樣隱隱作痛，原來，我是從屋頂上掉下來的。

　　我努力的坐起身，試著用手表的通訊系統聯繫 Data One：

　　「提姆呼叫 Data One，請回答。」

　　沒有回應，整個馬廄裡只有那匹馬大嚼糧草的咀嚼聲。過了許久，一陣沙沙沙的聲音劃破了寂靜，又過了不久，我終於聽到我期待的聲音：

　　「Data……One 收……到，你……還好……

嗎？」聲音既微弱又斷斷續續的。

由於時空的差距，我們就靠著這斷斷續續的通訊把事情大致理清了。原來，在我出發的時候，Data One 突然收到一個程式錯誤的訊息，原本正要取消時空移轉，但是時空膠囊卻已經把我傳送出去了。因為這個錯誤，把我由原本預定的 1968 年，傳送到了 1944 年的夏天，而且，地點也從原本的田納西州，變成了亞特蘭大。至於這個程式錯誤的原因，Data One 也不知道為什麼。

「那我可以先回到 22 世紀，再重新來一次嗎？」我焦急的問。

兩分鐘後，傳來了令我沮喪的答案：「抱歉，長官，因為剛才的程式錯誤，讓你的時空膠囊晶片燒掉了，我們必須等修好才能重新進行時空傳送。」不過，好消息是，資訊室的小曹重新設定了通訊系統，所以我可以不用再斷斷續續的跟 Data One 進行通話了。

「好吧！那金恩現在在哪裡？」我問。

「1944年，金恩取得了亞特蘭大莫爾豪斯學院的提早入學資格，那是一所黑人的私立學校，所以他今年秋天就要開始念大學了。」

「亞特蘭大？那不就是這裡？」

「是的，長官，還好你不是被送到中國，那裡正在和日本打仗。」

聽起來像是在安慰我，我只好苦笑，並繼續問：「我要去哪裡找金恩？」

「根據紀錄，這個暑假金恩到了北方的康乃迪克州的菸草農場打工，不久之後就會回到亞特蘭大。」

「所以我可以先去莫爾豪斯學院等他。」

好在我帶的美金在1944年也能使用，讓我可以搭火車到亞特蘭大市中心。不過，當我在買車票的時

候，總是覺得四周的人用一種奇怪的眼神看我，我記得我出門前明明已經打扮成 20 世紀中期美國南方佬的樣子，可是為什麼還是引來這麼多奇怪的關注？

一上車，我選了個靠窗的位子，正要坐下來，就被人一把抓了起來。我抬頭一看，是個白人，他用很不友善的口氣對我說：「這不是你可以坐的位子！」

「為什麼？我有買票啊！」我爭辯道。

「去照照鏡子吧！黑鬼！」旁邊的人聽到這話，全都大笑了起來。

從出發到現在，我已經憋了一肚子的氣，現在這個人竟然用這種話罵我，我握緊了拳頭正準備反擊，卻被另一個人勾了手臂，硬是把我帶離了那節車廂。我回頭一看，是個年輕的小平頭黑人，一臉的鬍渣好像鐵絲一樣。他對我說：「別激動！你鬥不過他們的。」

「為什麼？他們憑什麼不讓我坐在那裡？」

「兄弟！因為我們是有色人種，那節車廂不是我們可以坐的。」

「有色人種？我以為自從 1863 年林肯總統的《解放黑奴宣言》後，黑人就擁有自由了，不是嗎？」

「哈哈！兄弟，你第一次來美國南部吧？你一定不是這裡的人，搞不好你是從國外來的吧？你說的那是林肯總統的理想，理想跟現實是有差距的。」這個年輕人繼續說：「1865 年南北戰爭結束，雖然支持廢止奴隸的北方獲勝了，但是卻只有為我們的同胞帶來短暫的自由。當時美國南方受到戰火的摧殘，大家的生活都不好，經濟狀況更糟，所以本來就是弱勢的我們，還是得依靠白人。1877 年以後，聯邦軍隊撤出南方，讓我們的同胞更沒了依靠，所以雖然有《解放黑奴宣言》，可是我們還是被歧視的。」

「難道聯邦政府不管嗎？」我疑惑的問。

「還說呢！」年輕人忿忿的說，「1896 年最

高法院的「普萊西案」*判決才重重打了我們黑人同胞一巴掌！什麼『隔離但平等』的鬼話？讓我們在南方的黑人同胞們都得在種族隔離制度下過活。搭車有不同的座位和車廂，看電影有不同的入口，吃飯還有特定的區域，就連出門在外也常找不到住的地方。我看『隔離』是真的，『平等』是謊話！」

「那憲法保障的生命、自由和財產權不就都是假的？」

「所以我說嘛！兄弟，」年輕人說，「理想和現實是有差距的。你看過《湯姆叔叔的小屋》吧？」

---

*普萊西案：又稱「普萊西訴弗格森案」，是美國一個與種族問題相關的判決案例。1892 年 6 月 7 日，具有黑人血統的荷馬‧普萊西故意登上東路易斯安那鐵路一輛供白人搭乘的列車，被控違反了該州的種族隔離法令而遭到逮捕。普萊西將州政府告上法庭，認為此舉違反《美國憲法》第十三、十四兩條修正案。但法官約翰‧弗格森判普萊西敗訴並罰款三百美元。普萊西雖然持續上訴到美國最高法院，但仍敗訴。這件事情象徵著美國政府「隔離但平等」原則的確立，也成為之後美國各地種族隔離政策的合法基礎。

「嗯⋯⋯我只看過《湯姆歷險記》。」

「呵呵！那可是兩本完全不同風格的書啊！你真的應該看一看，這樣你就會知道，南北戰爭之前我們同胞的遭遇是如何的悲慘了。不過話說回來，其實現在，特別是美國的南方，我們同胞們的生活也許好一點了，有一些人比較富有了，可是對於白人來說，我們這些有色人種，仍是比他們還要低等的一群人。啊！快要到站了？你要到哪裡下車？」

「我⋯⋯要去亞特蘭大的莫爾豪斯學院。」我想先去看看金恩的學校，也許可以理出一點頭緒。

「這麼巧！」年輕人驚訝的說，「我今年暑假過後就要在莫爾豪斯學院上學了！你叫什麼名字？」

「提姆，提姆・亞伯納西。」

「你好！我叫做馬丁・路德・金恩，叫我馬丁就好了。」

　　真是人間處處有奇遇，沒想到竟然讓我在這裡遇到你！一開始我還懷疑會不會是同名而已？但是看看這個年輕人的樣貌，小平頭，像鐵絲一樣的鬍渣，在全亞特蘭大恐怕找不到第二個長得這麼像的金恩吧？

　　「那麼你來莫爾豪斯做什麼？讀書嗎？」金恩問我。

　　「我才剛來到這個地方，其實還沒有什麼打算，也許找個地方打打工什麼的吧？」這是事實，因為這一切真的都太突然了。

　　「你一定還沒有住的地方吧？我在莫爾豪斯有些朋友，可以請他們幫你找找住的地方，順便問問學校有沒有什麼工作可以做吧！」

　　「真的？那太好了！真是太謝謝你了！」

　　「小事一樁，我們是兄弟，不是嗎？」

　　我想，金恩的熱情，大概就是促使他成為黑人民權運動領袖的原因之一吧？後來，金恩的朋友們幫我在學校附近找到了住的地方，而且也在學院裡面找到一個校園技工的活兒，正好讓我可以靠著這個身分的掩飾，一邊調查整個案件的來龍去脈。

　　幾天後，Data One 告訴我時空膠囊已經修好了，問我要不要直接前往 1968 年，可是我卻想留在這裡，看看金恩的大學生活。

●　☆　●　☆　●　☆　●

　　幾個月的時間很快就過去了，一個禮拜天的上午，我在校園內遇到了金恩。

　　「早啊！提姆！」

　　「早啊！馬丁！咦？今天不是禮拜天嗎？你怎麼沒有去教會？」因為金恩的爸爸是位牧師，想當然的，金恩也該是位虔誠的基督教徒，因此，禮拜天的早上看到他在校園閒晃，令我感到好奇。

「教會？我才不會去那個地方呢！」金恩語帶不屑的說。

「喔？」金恩的回答讓我感到訝異，「你不是說，你的父親把你送到這裡，就是希望讓你成為一名牧師嗎？」

「就是因為這樣，我才不想去參加聚會！因為教會對我們黑人來說，一點幫助也沒有。」

「這話怎麼說呢？」

「我告訴你，提姆，我爸爸也是這間學校的校友，後來成為一位牧師，在亞特蘭大，我們家也算是收入不錯的家庭。可是，他的教會卻沒有辦法讓我們的同胞不被白人歧視，我們依舊只能在黑人的教會聚會；我們擁有的公民權利，永遠都比白人少。所以我決定，我不要當牧師了，我要成為一個律師，用我的力量來改變這一切！」

「真的是這樣嗎？」旁邊傳來一個聲音。我們回頭一看，是梅斯院長——莫爾豪斯學院的院長，班傑明・梅斯。

「抱歉打斷你們的對話，」梅斯院長笑著說，「我剛從教會聚會回來，聽到金恩先生這麼慷慨激昂的演講，還真的讓我感到有點尷尬呢！好像我剛剛去參加禮拜是件錯的事情。」

「院長，」金恩說，「這裡是美國，你可以擁有你的信仰，沒有什麼對錯的。我只是覺得教會在黑人的民權運動上，是起不了作用的。」

「嗯……你的話我只能同意一半，教會在民權運動上幫不了忙，是教會的領導者沒有意識到教會其實有很大的潛力，可以改變現況的。」

梅斯院長繼續說：「你看，我在芝加哥大學讀過書，在擔任神學教授與院長之前也在黑人的教會當過牧師，你對教會的失落感我都能體會。但是，教會真的只能作為被壓迫者的安慰而已嗎？為什麼我們不能把教會當成是凝聚同胞力量的中心，透過社會和政治運動來向世人表達我們的想法，去反對這些不合理的歧視和壓迫呢？教會可以負起更多的社會責任去改變社會的，你知道

嗎？這遠比一個律師可以做的事情更多。」

　　梅斯的話似乎讓金恩語塞，但是，在金恩的眼神裡，我看到一個受到激勵而準備大有所為的神情。果不其然，梅斯的一席話深深打動了金恩。從此以後，金恩常和梅斯討論關於民權運動的事情。在他十七歲那一年，原本對牧師這個職業不以為然的金恩，竟然告訴他的父親，他想成為牧師。

　　為了鑽研更高深的神學知識，金恩決定到賓州的克勞瑟神學院攻讀神學學位，時間已經是1948年了。

　　在金恩進入克勞瑟神學院的前一年，位在地球另一頭的印度發生了大事。這一年，印度脫離了大英帝國長達一百八十五年的殖民統治，成為一個獨立的國家，領導印度獨立運動的，是後來被稱為印度國父的甘地先生。

　　那一陣子，報紙、電視都大篇幅的報導有關甘地的新聞。甘地原來是一名律師，後來投身政

治運動，以國大黨領袖的身分，帶領印度人民用非暴力的不合作運動來對抗英國的統治。他要求印度人民不納稅，不買英國貨物，不讀公立學校，不上法庭，不就任公職，並且多次以絕食的方式，獲得國內外的高度支持。這樣的作法看起來很消極，但是實際上卻發揮了很大的功效，迫使英國政府讓步，給予印度發展自治的空間，最後獲得獨立。

甘地由律師轉而率領群眾運動的改變，對原本想當律師的金恩帶來很大的鼓勵。金恩在信中告訴我，他對甘地的思想和理念很有興趣，特別是甘地所提倡的「不合作運動」。金恩寫道：

甘地認為反抗壓迫是必須的，但是不一定要用暴力的方式。他用愛去改變敵人，愛的力量，遠比暴力的攻擊來得有效。甘地既然可以不靠暴力而使印度獨立，我相信我們也可以用非暴力的方式改變美國，這是我的夢想，我一定要實現它！

有了甘地的先例，更堅定了金恩改變美國種族問題的決心，但在此之前，他必須取得更高的學位，讓自己成為受人尊敬——不只是黑人，還必須受白人尊敬——的知識分子。於是，他以第一名的成績從克勞瑟神學院畢業之後，決定到波士頓大學神學院攻讀博士學位。

「波士頓真是個好地方！」金恩在電話的那一頭高興的說，「這裡沒有種族隔離制度，一點都沒有！我可以跟不同膚色的人一起討論神學，評論時事，這裡真的是太棒了！」

不過我知道，波士頓還有一點很棒，就是未

來的金恩夫人──柯蕾塔・史考特女士也在波士頓（當然這是 Data One 告訴我的，我可沒有多嘴的跟金恩說，以免干預了時空的連續）。

第一次見到史考特女士，是我以出差的名義前往波士頓調查懷特行蹤時，和金恩他們相約在一家咖啡館內。那時，她是新英格蘭音樂學院的學生，主修聲樂。不過，她的家境並不像金恩家裡那麼富裕，在波士頓，她必須靠著幫其他學生整理房間來賺取生活費用。

史考特女士來自阿拉巴馬州一個經商的黑人家庭，她父親的事業，曾經遭到白人的妒忌而被破壞，因此她才想逃離美國的南方，逃離種族的糾紛，躲到沒有隔離政策的音樂世界裡。

「其實我本來並不喜歡像馬丁他們這些南方來的牧師，」史考特女士說：「因為他們花很多時間告訴會友『來生』有多美好，可是，卻沒有花

心思幫助他們面對『今生』的生活和困境。」

「可是金恩不一樣，他對未來很有想法，他希望集合我們同胞的力量……」

「改變美國！」我和史考特女士異口同聲的說。金恩在旁邊聽了不禁大笑起來。

1953 年 6 月 18 日，在金恩父親老金恩牧師的證婚中，金恩夫婦完成了他們的終身大事。婚後，他們又回到波士頓，繼續完成兩人的學業。接下來，金恩必須思考畢業之後，他要回到美國的南方，或者繼續留在波士頓。

金恩跟我說，在波士頓，他相信他可以找到不錯的教會擔任牧師，因為在此之前，已經有幾間教會常常邀請他擔任講員。繼續留在北方雖然可以享受沒有種族隔離政策的自由環境，可是卻離那些在被欺壓和不平等待遇下討生活的同胞們

非常的遠。特別是這幾年，南部的黑人們所遭遇的情況，是越來越糟了。三 K 黨常常聚集群眾，對黑人發動攻擊，甚至還放火燒了黑人們的住家，黑人同胞的生命財產，幾乎都沒有辦法得到保障。

最後，金恩決定返回南方。他說：

「南方的同胞才是最需要我的，如果我在這個時候不跟他們站在一起，將來，他們也不會願意跟我站在一起，改變美國。」

令我感到訝異的，反倒是金恩夫人全力支持的態度。因為回到南方，等於是放棄了在北方自由的生活，而隨時要面對的可能是各式各樣的恐嚇、攻擊與危險。要在南方建立一個家庭，似乎是一件危險的事，但是金恩夫人卻說：

「我相信馬丁的決定是對的，這不就是我當初願意嫁給他的理由嗎？」

對於一個 20 世紀 50 年代的婦女而言，金恩夫人的決定是相當偉大的。金恩在阿拉巴馬州的

蒙哥馬利市找到了工作，這是一間位在德克斯特大道上的浸信會教會。1954 年的春天，金恩在那裡試講了一次道，獲得會友們的喜愛，因此教會便聘金恩為教會牧師，而在金恩的推薦下，我也來到這裡成為教會的工作人員。

「其實，蒙哥馬利市是一個很特別的地方，」金恩說，「因為這裡是南北戰爭時南部聯邦的首都，這也是象徵著反對解放黑奴的大本營，我若是在這裡開始進行我們同胞的民權運動，是很具有象徵意義的。」

就在這一年的 5 月，美國最高法院推翻了「普萊西案」的判決，認為公立學校應該取消種族隔離政策，使黑人與白人享有一樣的受教權*。這個判決讓金恩的信心大增，因為這象徵著美國的種族問題不是不能改變，或許，那個改變的時代已經漸漸接近了！

*推翻普萊西案判決的案件：又被稱為「布朗訴教育局案」或「布朗案」。

蒙哥馬利的
「罷乘運動」

　　德克斯特大道浸信會是個很大方的教會，他們不但提供了金恩夫婦一幢相當寬敞的房子，連我也被安排住在附近的一間小屋裡。這間教會在南北戰爭時期受到戰火波及受損，是戰後才重建完成的。

　　這個教會的會友多半都是黑人，而且大部分的黑人會友也都算是收入中等的中產階級。雖然這時金恩才二十五歲，但是金恩的身上似乎有著一種特殊的魅力，讓這個教會的會友們很快的就喜歡上這個講道時鏗鏘有力，雙手不斷揮舞的小平頭牧師。一個老先生告訴我，平常他們在外頭，總是受到白人的歧視和欺負，但是教會就像是一個避風港，讓他們可以拋開那些被歧視的不愉

快，好好的聽金恩講道，以面對接下來的一整個
星期。

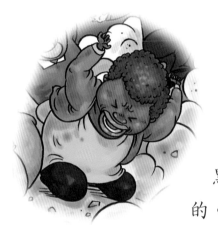

可是金恩卻不是那麼
滿意蒙哥馬利的黑人
信徒。金恩曾經感慨
的對我說：「提姆，你
知道嗎？蒙哥馬利的
黑人們其實讓我蠻失望
的。他們並沒有遠大的理
想，都只想要把自己顧好，根本
不在乎自己的同胞們，我是說黑人同胞們，所受
的苦。」

「這裡的中產階級，」停了一停，金恩繼續
說：「他們已經滿足於現在所擁有的一切；而那些
窮苦的黑人，則是放棄了自己的未來，認為自己
就該一輩子當窮人。」

「還有那些黑人牧師，他們根本不重視這些
社會問題，整天都告訴自己的會友要把希望放在

天堂，不要太在意現在的困境。如果我們自己都
不在乎這些不平等的歧視，我們永遠都沒有辦法
從白人的手裡獲得自由。」

「我想同胞們還需要一點激勵，」我說：「也
許時機還沒有成熟吧？」沒想到幾個月後，時機，
真的成熟了。

● ☆ ● ☆ ● ☆ ●

1955 年 12 月的第一個週末早晨，金恩正在
教會辦公室裡幫自己煮咖啡──這是他數年來的
習慣。這些年來，金恩總是在早上五點半起床，
然後幫自己煮一壺咖啡，再利用這段時間整理他
那很難處理的鬍子──這大概是他每天最苦的差
事，因為他的鬍鬚和頭髮都是屬於那種很硬的毛
髮，我猜這也就是為什麼他總是留著小平頭的緣
故吧？

當金恩正在刮鬍子的時候，一通電話打來，
是金恩的朋友，尼克森律師。他語帶興奮的說：
「金恩，我等這一天等好久了！」

「怎麼說？」金恩還剩下半張臉塗著刮鬍膏，為了不讓刮鬍膏滴下來，他只好歪著脖子講電話。

「他們用違反公車種族隔離法控告了羅莎！」尼克森律師越講越激動，連在辦公室外頭的我都聽得一清二楚。事情原來是這樣子的：

羅莎‧帕克女士，是蒙哥馬利一家百貨公司的裁縫助手，是一位黑人婦女。12月1日禮拜四那天下班的時候，羅莎搭了一輛公車。按照蒙哥馬利的種族隔離政策，羅莎必須從後門上車，因為前門是留給白人上車用的，車上又分為白人座位與有色人種的座位。這個政策已經行之有年，儘管白人和黑人付的車資都是一樣的。羅莎原本坐在有色人種的座位上，後來公車上又上來一個白人。因為當時車廂擁擠，已經沒有位子了，司機便要羅莎他們那一排座位上的黑人讓位給這個剛上車的白人。

「為什麼我要讓座？」正當其他的黑人乘客

依序挪移他們的位子時，羅莎生氣的表示抗議。

「我們明明上車的時候跟這個白人投的是一樣的錢，憑什麼要我們讓座？」接著羅莎滔滔不絕的把她心裡的怨氣一股腦兒的發洩出來。結果，她被帶進了警察局，被控違反了阿拉巴馬州的種族隔離法。

尼克森是羅莎的委任律師，當他得知羅莎被以違反種族隔離法起訴時，立刻高興的打電話給金恩。尼克森之所以這麼興奮，是因為他覺得如果能把這場官司，上訴到最高法院並且打贏的話，將可以向最高法院控訴種族隔離法違憲，最後一定可以一勞永逸的廢止這個歧視黑人的法律。

掛上尼克森律師的電話後，金恩若有所思的坐在他的辦公桌前。我把他泡一半的咖啡端了進去，只聽到他喃喃自語的說：「搭公車的問題，就用搭公車來解決吧！」

當天晚上，金恩和五十多位黑人牧師與領袖

們在德克斯特大道教會舉行了會議。金恩說：「能不能把羅莎女士的案子送到最高法院我不知道，但是，也許我們可以從『抵制搭公車』這個運動開始。」

「什麼？這是什麼爛方法？」一個黑人牧師不以為然的說，「好歹我們也要去包圍法院，丟丟雞蛋什麼的。抵制搭公車算什麼？」

「不會的！」尼克森律師站起來支持金恩，「各位想一想，蒙哥馬利的公車70%的乘客都是我們黑人，如果我們可以一起抵制搭公車，一定會讓公車業吃不消的。」

「不過，」金恩接著說，「我們得考慮大家上班的交通問題。我建議協調我們黑人的計程車公司，以跟搭公車一樣的費用，送我們的同胞去上班。」接下來他又提了一些抵制活動該注意的事項。

經過了金恩的解釋，大家都認為這是個好辦法。隔天就是禮拜天，牧師們把這

個消息帶回去各自的教會宣布，並且很快的印製了傳單在街頭發放。

禮拜天晚上，金恩到了很晚還沒有離開辦公室。

「在煩惱什麼嗎？」我問金恩。

「我怕明天的抵制運動會失敗。」金恩憂慮的說。

「為什麼？今天你講道的時候，會友不是一致的說『阿們』*嗎？」

「可是蒙哥馬利，不，整個阿拉巴馬的黑人們都太過畏縮了，我怕這個運動支持不了多久。」

「我覺得，你要對同胞們多一點的信心。這個運動會成功的。」

「你怎麼知道？」金恩問。

「快去睡吧！牧師。」我笑而不答，因為我

---

*阿們：基督教的用語，通常用於禱告當中，是「符合內心所想」的意思。有時也用於彼此的對話當中，表示對對方的認同。

總不能告訴他，歷史上把這次成功的抵制活動，稱之為「蒙哥馬利罷乘運動」吧？

● ☆ ● ☆ ● ☆ ●

　　禮拜一第一班公車六點多會經過金恩的家，金恩夫婦一大早就站在窗前等。結果，第一班過去了，車上是空的；第二班，也是空的；第三班雖然有乘客，但都是白人。金恩高興的對太太說：「我們成功了！」

　　禮拜一的早上，同時也是羅莎拒絕讓座一案宣判的日子，羅莎因違反種族隔離法被罰款十四元。當天下午，抵制運動的領袖們再度集會，他們決定要成立一個組織，稱之為「蒙哥馬利改進

「協會」，協會成員一致推舉金恩為主席。

這天晚上，是協會第一次聚會，教堂裡面擠滿了人，當中有黑人，還有一些支持這個運動的白人，以及一群記者。鎂光燈此起彼落的閃著，新聞攝影機也開始熱機，準備記錄這歷史性的一刻。

金恩上臺對會眾說：「很多人會想，我們這樣做是不是錯了？但我實實在在的告訴你們，如果我們錯了，那這個國家的最高法院也錯了；如果我們錯了，《美國憲法》也錯了；如果我們錯了，全能的上帝也錯了。」金恩不看稿滔滔不絕一連講了十六分鐘，他鼓勵會眾，告訴所有的親朋好友這是一場重要的戰役，但是他也借用耶穌的話提醒眾人：「愛你的仇敵，為那逼迫你們的人禱告。」以免這個事件演變成暴力運動。當他講完之後，全場的群眾紛紛站起來為他鼓掌。雖然我早已在未

來讀過這篇演講稿，但是，在場的氣氛還是讓我的熱血沸騰了起來。

抵制運動持續了一段時間，白人一開始似乎並不在乎這場運動。但是，月底馬上就是聖誕節，市中心的商店業績一直滑落。他們檢討原因，發現是因為黑人們走路上班花去太多時間，使得上街消費的意願與次數越來越少，連帶影響了原本是一年當中最重要的「聖誕血拼季」，這才讓白人意識到事態嚴重了！

於是，開始有白人對黑人的計程車公司施壓，要求他們不要以低廉的價格載送黑人，但我們的同胞並不因此而受到動搖。根據一個記者的報導，有一輛公共汽車經過了一位走路蹣跚的老黑人婦女身旁，司機開了門好心的問她要不要上車。老婦人卻一口回絕，並說：「我現在不是為我自己走路，而是為了我們世世代代的子孫而走。」看到這則報導，都令我們十分感動。

隨著抵制運動進行得越來越久，白人開始用

更多激烈的手段來對付黑人，甚至是那些支持黑人的白人，也遭到池魚之殃。金恩和他的家人們不斷的遭到恐嚇或接到辱罵他們的電話。但金恩總是幽默的說：「又是接線生接錯線了。」

●　☆　●　☆　●　☆　●

1956 年 1 月 30 日，金恩正在教會和會眾演講，突然外頭「碰」的一聲，連在教會裡的我們都感到一陣搖晃。一個會友跑進教會，對講臺上的金恩大喊：「牧師，你們家出事了，是炸彈！」會眾一陣驚慌，金恩立刻結束演講，趕回家中。

我跟著金恩一起進到屋內，幸好爆炸當時金恩夫人和他們不滿一歲的孩子並沒有受到波及，只是屋子的玻璃碎了一地。此時，門外的大街上已經聚集了一群帶著大小槍枝的群眾，準備等金恩一聲令下，就對白人發動攻擊。他們在外頭喊著許多激動

的口號，我從震碎的玻璃窗櫺中看到外頭許多勢單力薄的白人警察臉上盡是不安的神色。我相信以當時這個比例懸殊的態勢，若是真的開打了，這些白人警察大概會變成這次爆炸事件中的第一批犧牲者。

當金恩確認了妻子與嬰兒的安全之後，他打算走出門外對大家說話。但走到門前時，我看他一手扶著牆，低著頭，肩膀在顫抖。我看得出來這不是因為害怕而顫抖，而是他正在壓抑他心裡的憤怒。

停頓了許久，金恩從被炸歪的大門走出去，對外頭的群眾說：「回去吧！把你們的槍收起來。」群眾先是感到意外，後來轉而憤怒，甚至大罵金恩是個膽小的懦夫，但最後見金恩遲遲沒有反應，只好悻悻然的散去。在一旁戒備的警察們這才鬆了一口氣，後來我去向這些警察們致意的時候，帶隊的警官告訴我：「好險，我欠這個黑人牧師一條命！」

　　炸彈攻擊事件似乎就這樣落幕了，但是卻有一個問題困擾著我。為什麼 Data One 的資料裡，並沒有記錄這個爆炸事件？我把 Data One 傳送來的所有資訊重讀了一遍，卻沒有發現任何的記載。

　　「我不是很確定……」Data One 說，「照理說，關於金恩的相關記載應該都完整的存在總部，但是我的資料庫中，似乎有一部分資訊被刪除了。」

　　「刪除？怎麼可能？總部的資訊一旦完成建檔，要更動不是那麼容易的事情，得有很高的權限才能進入總部的電腦修改資料，不是嗎？」

　　「是啊……可是……我也不知道。」

　　「不可能，不可能。你還是再檢查一下你的系統吧！」

「收到！」

●　☆　●　☆　●　☆　●

　　後來幾天，金恩似乎不把這個爆炸事件當成一回事兒，竟開始了他的全國巡迴演講。大家不斷的提醒他要注意自己與家人的安危，但金恩總是說，跟政府打官司需要很多的錢，如果他不藉著巡迴演講來籌措資金，恐怕案子還沒有送到最高法院，蒙哥馬利改進協會就已經破產了。

　　金恩離開蒙哥馬利之後的某一天，我接到他父親，也就是老金恩牧師的電話。

　　「提姆！」電話那頭傳來老金恩牧師中氣十足的聲音。

　　「嘿！老金恩牧師，最近好嗎？」我回答。

　　「一點也不好！」老金恩牧師有點生氣的說，「你說馬丁幹這些事，我怎麼會過得好？你是他的好朋友，又是同事，你好歹也勸勸他。他那天經過亞特蘭大的時

候有回家一趟，我請梅斯教授勸他放棄，沒想到他不但不聽，還說服了梅斯支持他，梅斯跟我說什麼：『金恩必須去做他認為對的事情，偉大的領袖不會逃離戰場』之類的話，是戰場啊！提姆，你聽聽！……」就這樣，老金恩牧師在電話那一頭跟我嘮叨了好久。

　　老金恩牧師的擔憂不是沒有道理，只是金恩決定要做的事，就一定會堅持下去。從以前到現在，一點都沒有改變。事實證明，金恩的堅持是對的。這一年的 11 月 13 日，蒙哥馬利改進協會因為鼓動計程車業者以低價共乘的方式載送黑人上班，被處以一萬五千元的罰款，但就在同一天，最高法院宣判，阿拉巴馬州的種族隔離法是違憲的。消息一傳來大家都非常振奮，只等政府的正式命令下來後，種族隔離法將永遠走入歷史，罷乘運動也將結束。

　　12 月 21 日，持續了一年多的罷乘運動宣告結束，宣告的方式也很有意義。這一天，金恩、

尼克森律師，以及一位支持廢除種族隔離法的白
人牧師葛倫，一同搭上了取消種族隔離法之後的
第一輛公車，金恩和葛倫並肩而坐，象徵著以後，
我們的同胞可以跟白人一起搭公車、從正門進入
電影院看電影、和白人共用飲水機，而那些汙辱
人的「有色人種專用」的牌子，將從美國的歷史
上被拆除。

　　不過，白人當中的激進分子並沒有因此而放
過我們的同胞。三K黨依舊不斷的騷擾黑人社
區，他們散發不實的傳單攻擊金恩，說他靠著這
次的抵制運動非法侵占了許多的錢，甚至不惜再

次使用炸彈攻擊教堂和教會牧師的家，雖然沒有人因此喪命，但是金恩對未來的局勢卻越來越感到憂心與難過。

金恩對我說，他開始疑惑當初的堅持是不是對的？是不是會因此造成同胞們更大的傷害？在一次聚會的禱告中，金恩對上帝說：「我不希望有任何的人因此而喪命。但是，」他顫抖的說，「如果真的必須有人死掉的話，就讓我死吧！」禱告到這裡，金恩沒辦法再繼續講下去，他的雙手緊緊抓著講臺，兩腿似乎快要發軟，我和另一個朋友立刻上前扶著金恩坐下來。我第一次看到金恩如此頹喪，但我卻不知道該怎麼安慰他。

野火燎原的民權運動

　　金恩的頹喪，並沒有持續太久，他很快就振作起來。儘管白人不斷在各處以恐怖的暴力攻擊對付黑人的住宅和工作場所，但金恩卻發表演說，對社會大眾表示：「告訴蒙哥馬利，他們可以繼續對我們丟炸彈，但是我們不會向他們屈服！」

　　後來，有一些白人因為炸彈攻擊被起訴，但是，那些白人所組織的陪審團，很快就無罪開釋了這些人。看起來，這次的罷乘運動唯一改變的，似乎只有黑人跟白人可以一起搭乘公車而已，但是，金恩沒有料到，這次的運動，卻在無形之中改變了南方各地的黑人同胞。大家知道，想改變自己處境的期望並非遙不可及，而這樣的企求，就像野火燎原一樣，在全國各地的黑人群眾中開

始蔓延開來。

　　除了蒙哥馬利，許多南方的城市也都發起了類似的活動。金恩和其他幾位領導運動的黑人牧師發現，透過教會的管道，讓黑人同胞的力量可以凝聚在一起，因此，他們組成了「南方基督教領袖聯盟」，而金恩被推舉為聯盟的主席。

　　1957 年，金恩成了《時代雜誌》的封面人物，這對美國本土黑人而言是少有的殊榮。Data One 告訴我，在金恩之前，能夠登上《時代雜誌》封面人物的美國黑人，只

有歌手和運動員而已。金恩的故事被全國各地的人閱讀，金恩甚至還受到非洲的加納國邀請，前往他們國家參加慶祝脫離英國殖民的活動。金恩這才發現，黑人的民權運動不是只在蒙哥馬利，也不是只在美國本土，而是在世界各地都有重要意義的。

　　然而，黑人爭取權利的運動越是蔓延，白人對我們的態度就越不客氣。1954 年最高法院雖然要求公立學校必須取消種族隔離政策，但是卻遲遲沒有辦法強制要求各州遵守。1957 年的 9 月，阿肯色州有九名黑人學生即將入學，州長卻動用國民軍將這些學生阻擋在學校之外。最後艾森豪總統只好將阿肯色州的國民軍收歸國有，並派了一千名美軍護送這些學生進學校。從這件事情的發生便可以知道，各州政府，在取消種族隔離政策的這件事情上，跟聯邦政府是沒有共識的。

　　有一天，我因為一件案子陪金恩到蒙哥馬利的法院，法院的法警竟然不讓我們進去。金恩不滿的說：

　　「為什麼我們不能進去？我們也是美國公民！」

　　「公民？」法警冷笑著說，「你要是再不滾開，你就要倒大楣了！」

　　還沒有等我們回答，兩名法警已經把金恩的

手扭到背後，並且把他拖走。我大喊：「你們在幹什麼？你不知道他是誰嗎？」

「我管他是誰？」

金恩對我使了眼色，要我不要作聲，我只能眼睜睜的看著金恩被抓走，而我們卻什麼錯事也沒有做。之後，金恩被抓進了監牢，被警察用各樣粗暴的手段對待，但他們忽略了兩件事情：第一是這個被他們暴力相向的人叫馬丁‧路德‧金恩；另一件事情是，他們毆打金恩的過程，全都被記者給拍了下來。

很快的，金恩被毆打的照片登上了第二天的報紙頭版，警察局這才發現事情鬧大了，趕緊把金恩釋放，不過仍然控告他妨礙公務。後來判決的結果，金恩必須罰款十元，或者，必須坐十四天的牢。

金恩選擇了坐牢，但同時他也要求法官讓他發表一份聲明。法官原本不以為意，覺得一份聲明也不是什麼大不了的事。結果，金恩寫了好長

一篇的聲明，歷數黑人在美國司法案件當中受到的不平等對待，要求各界能夠更加重視這個問題。

　　1958 年 9 月，金恩的第一本書《邁向自由：蒙哥馬利的故事》出版，為了推銷這本書讓更多人知道蒙哥馬利的事情，金恩計劃到許多地方舉辦簽書會。這令我感到很不安，因為根據歷史的

記載，就在 9 月 20 日這一天，當金恩在哈林區的布倫史坦百貨公司舉辦簽書會的時候，會有一位精神異常的黑人女子用拆信刀刺殺金恩。雖然金恩並沒有因此送命，但是前一次的爆炸案中，Data One 告訴我有一部分關於金恩的資料被刪除了，這樣說來，難保這些歷史記載不會也有問題。時光機器的發明讓歷史有可能被改變，要是金恩在布倫史坦百貨公司的事件也被改變了的話，金恩不就有危險了？

「我看你那一天得好好盯著金恩跟那個黑人女子。」Data One 說。

「可是我只知道日期，那個黑人女子是高的、矮的、胖的、瘦的我都不知道，」我困擾極了，「還是給金恩穿個防彈背心？」

「那個東西現在還沒有啦！」Data One 潑了我冷水。22 世紀有一種噴霧式的

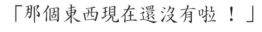

防彈衣，噴上去就能形成保護膜，可以刀槍不入。可是一來是我沒有帶，二來，拿著未來的東西在過去使用，也是不被時空防護局所允許的。

總之，我的心情就這樣忐忑的到了9月20日。最討厭的是，我不能要求金恩取消簽書會，更不能告訴他這件事情，天啊！時空巡警的限制怎麼這麼多？

我站在距離金恩一步遠的地方，死盯著每個到金恩面前的黑人女子。

「為什麼這麼嚴肅啊？提姆？開心點吧！」金恩也感覺到我的不安。

「沒事沒事……」我裝作沒事的樣子，但眼睛還是盯著每個到金恩面前的人。

「請問是亞伯納西先生嗎？」有人叫我，我回頭，但是卻沒有人，只聞到一股刺鼻的味道，讓我打了個大噴嚏。就在這個時候，眾人發出了尖叫聲，一把拆信刀就這樣插在金恩的胸口上，行凶者真的是一名黑人女子，她舉起雙手大笑，

隨即被旁邊的人給壓倒在地上。

金恩很快的被送進了哈林區的醫院，因為刀子危及他的心臟動脈，所以醫生必須動手術把一根肋骨和部分的胸骨拿掉。醫生說，還好我們沒有把刀子拔出來，或者，金恩到院以前要是打個噴嚏，也會讓刀子移位，動脈的血就會噴出來，那就不堪設想了。

那個女子，正確來說應該是位婦人，後來被鑑定為精神異常。在警官的訊問中，她一直說她聽到一個聲音要她殺了金恩。比較令我介意的是，警官說這位婦人在她刺殺金恩的前一天失蹤了一晚上，去了哪裡，連她自己都交代不清楚。除此之外，就是在事情發生前一刻「喊我名字」卻又不見蹤影的人以及那股刺鼻的味道，我覺得，好像在哪裡聞過。

● ☆ ● ☆ ● ☆ ●

金恩倒是很看得開，他說這樣就不用花時間簽書，全國卻都已經知道他這本書出版了。不過

這個刺殺事件也讓金恩重新調整了步調，1960 年
1 月，我們辭掉了德克斯特大道教會的工作，因
為金恩發現，他沒有辦法同時兼顧社會運動，又
照顧他的教友們。於是，我隨著他們一家人搬到
亞特蘭大，金恩成為老金恩牧師教會的助理牧
師，不過，他大部分的時間還是忙於為民權運動
奔走。

● ☆ ● ☆ ● ☆ ●

而就在這一年的 2 月，北卡羅來納州有一群
黑人大學生進入一家白人餐館，要求在那裡用
餐，結果店家叫來警察把這些大學生給拖出去。
沒想到，消息一傳開，第二天，又有更多的黑人

朋友跑來這家餐廳要求用餐。這個被稱為「入座運動」的活動，很快的就像野火燎原一樣，由一個城燒到另一個城，由一個州燒到另一個州。黑人同胞紛紛湧進拒絕為黑人服務的商店，禮貌性的提出要求，得不到就不離開那裡。不到兩個月，整個運動就擴大到美國南部的五十多座城市。許多大學生和黑人朋友因此被捕入獄，但是金恩鼓勵他們：「不要怕，只要我們維持著和平的行動，我相信總有一天事情會改變，讓我們一起把監獄給填滿吧！」如果我記得沒錯，甘地也說過這句話。

　　然而，隨著群眾運動越來越多，各種擦槍走火的暴力事件也隨著群眾運動蔓延開來。金恩不只一次對群眾說：「仇恨會生出仇恨，暴力會生出暴力，我們要用愛的力量去對付恨的力量。」他說，「我們的目標絕對不是去擊敗或是羞辱白人，相反的，我們是要去贏得他們的友誼和諒解。」金恩總是引用《聖經》和甘地作為例子，希望和

平的訴求不要變質。

金恩盡力去參與每個地方的群眾運動，而且幾乎每一次都以帶頭鬧事的罪名被捕入獄，有的時候我也跟著一起被關了起來，金恩總是笑我：「我說你啊！根本就是我永遠的『牢』友嘛！聽清楚喔！是『牢』友，不是『老』友喔！」這種時候還能開玩笑的人，大概也就只有金恩一個吧？

1962 年，金恩受到喬治亞州的阿爾班尼市的黑人團體邀請，前往那裡領導他們的群眾運動。但是他很快的發現，當他只是以被邀請者的身分來的時候，他不是擔任領導者的角色，反倒只是參與者的角色，而這些團體其實是希望藉由金恩的名氣，達到一些其他的目的。金恩察覺到這些黑人團體彼此之間意見不合，目標也不同，因此，他很快就決定把他的戰場轉移到阿拉巴馬州的伯明翰——一個種族隔離政策實行得最徹底的城市。

改變，不是不可能！

在伯明翰，黑人隨時都有可能遭受攻擊而喪命，有些黑人的家，甚至是教堂，都曾發生炸彈攻擊事件，有的黑人團體成為當地三 K 黨的眼中釘，時常遭到炸彈的攻擊和威脅。之所以會有這麼多恐怖的攻擊事件，有很多人認為是因為伯明翰的警察局局長康納造成的。

康納，人稱「滑頭公牛」，他在許多公開的場合裡大力支持種族隔離政策，他甚至認為，取消種族隔離制度，就是黑人要消滅白人的詭計，是當前美國的亂源所在。

1963 年 4 月，金恩發表了《伯明翰宣言》。他在伯明翰的訴求其實很單純，包括了：餐檯、廁所和飲水機取消種族隔離制度；當地的企業對

黑人開放工作機會；成立黑人與白人共同組織的委員會，訂定伯明翰取消隔離制度的時間表。金恩與其他領袖共同表示，在這些訴求沒有達成以前，我們會用示威遊行和抵制商店的行動，來表示我們的決心。於是，伯明翰的民權運動就這樣展開了。

到了4月中，已經有三百多人被關進監獄了。金恩和其他的領袖都接到政府的強制禁令，要求不得再舉行示威行動。不過，金恩則對群眾說：「我們已經無法回頭了，即使是強制禁令都沒有辦法阻擋我們！」

這個時候已經是復活節的前夕，對於基督徒而言，復活節是很重要的一個節日，特別是復活節前的禮拜五，這一天被稱為「受難日」，是為了紀念耶穌被釘在十字架上喪命的日子。受難日這天，我跟著金恩帶著五十個人持續進行遊行，走著走著，就看到公牛康納設下的路障。於是，金恩叫我們跪下來禱告。

　　其實，在受難日禱告，對美國這個基督徒占多數的國家來說是稀鬆平常的事情，但是，我們還是被抓上了馬車，關進監獄裡。然而，當我們進了監獄之後，金恩的律師帶來了一份讓我們相當灰心的聲明稿。這份聲明稿是由與我們一同發起遊行活動的幾位領袖一起提出的，他們說：「金恩所領導的運動是既不明智，又不合時宜的。」聲明稿中一致認為，金恩在這個時候發起群眾運動，是錯誤的，因為現在的群眾運動，已經讓社會變得更加對立了。

　　我為金恩讀著這份聲明稿：「他們說，我們應該要等待……」

　　「等待？什麼叫等待？」金恩像個爆炸的壓力鍋一樣打斷我的話，大喊，「要我等待的話我聽得夠多了，我告訴你，

提姆，對黑人來說，『等待』就是『休想』！你知道嗎？他們不過是想把希望寄託在亞伯特・鮑威爾身上，他們以為，只要鮑威爾當上市長，伯明翰就太平了，種族隔離就沒有了，黑人就可以跟白人平起平坐了！那是作夢！你把黑人的希望寄託在白人身上，這不是很可悲嗎？他們以為鮑威爾比康納更溫和，別傻了！他們都是努力維持種族隔離的當權者啊！」

　　這篇猶如在金恩背後開槍的聲明，真的傷透了金恩的心。那天晚上，我依稀看到金恩藉著微弱的燈光，在那份刊登聲明的報紙邊上塗塗寫寫，寫不夠了，又在一些他能找得到的紙張上的空白處振筆疾書。第二天早上我起床，金恩已經洋洋灑灑寫了將近七千字的長文，就是後來世人熟知的〈來自伯明翰監獄的信〉。

　　金恩用這封信告訴人們，「為什麼我們不能等待？」

　　在信中，金恩說：

對於那些從未感受過種族隔離黑暗痛苦的人們來說，等待是容易的。

但是，當你看到凶殘的暴民們將你的父母無故的用私刑處死；

當你看到白人警察充滿仇恨的辱罵、毆打，甚至殺死你的黑人兄弟姐妹時；

當你看到你兩千萬的黑人兄弟被關在一個富裕社會的貧窮牢籠裡；

當你五歲兒子問你：「爸爸，為什麼白人這樣對待有色人種？」而你無法回答時；

當你開車穿越這個國家的城鎮，你只能睡在車子裡，因為沒有一個旅館願意讓你睡一個舒服的好覺時；

你就會理解，為什麼等待是如此艱難的！

同時，金恩也告訴大家，他所領導的群眾運動，不是崇尚暴力和族群對立的運動，相反的，金恩寫道：

我們不像那些在長期壓迫下已經完全放棄的黑人同胞；也不像那些有錢的黑人們，對同胞的遭遇漠不關心；更不像那些把白人當成魔鬼，以仇恨為口號的黑人民族主義者。我們訴求的是愛與和平，是一種非暴力的抗爭方式！就像耶穌說的：「愛你的仇敵，為那逼迫你們的人禱告」！

我想，這封公開信一定是金恩在那個受盡委屈、輾轉難眠的夜裡，把自己的苦一股腦兒傾吐出來的心聲。

當我們被保釋出獄後，發現有許多中年人受到那篇聲明的影響，已經開始從運動中退縮了。不過，有一群年輕的學生，他們在金恩那封公開信的影響下，開

始熱情的加入我們的行動。5月1日，這群孩子們發起了「拯救伯明翰靈魂」的運動。將近一千名的學生，兩人一組肩並著肩，一邊唱歌，一邊拍手，朝著伯明翰的市中心前進。這天的活動結束時，有九百人遭到逮捕。但我相信，隔天會有更多的朋友加入我們。

果然，第二天又有兩千五百位年輕人，帶著寫有「自由」的標誌，持續在市中心遊行。公牛康納為了阻止這些人，派出了配備高壓水槍的消防隊員，以及一群警犬，要求遊行的人回到他們出發的教堂去。不過這些年輕人並沒有遵照他的話做，持續朝著路障前進。

公牛康納下令放出警犬，並且用高壓水槍噴水沖散群眾，甚至把我們沖倒在地上。有許多人也被警犬給咬傷了，大約有兩百五十人在這次的遊行中被逮捕。

當天晚上，全美國的新聞節目都播報了這則消息，並且把公牛康納對待年輕人的惡形惡狀全

部顯露出來。這些畫面，讓美國人的良知慢慢的開始覺醒。總統甘迺迪首次以相當堅定的語氣發表談話，肯定了我們在伯明翰的運動；政府也派出負責公民權事務的助理司法部長，伯克‧馬歇爾，到伯明翰來調查事情的經過。

這個活動一直持續下去。5月5日禮拜天，我們和一群伯明翰的牧師帶著三千名年輕人前往伯明翰監獄，要為被關在裡頭的朋友禱告。遊行的人唱著詩歌，走向公牛康納所設的路障。康納下令要我們回頭，一位伯明翰的牧師對著康納說：「我們又沒有做錯事，為什麼我們必須回頭？我們只是卑微的想要自由而已。來吧！康納，放出你的狗，讓牠們來咬我們；打開你的高壓水槍，讓水柱再一次把我們沖倒，但我們絕對不會回頭！」

康納的臉氣得一陣青一陣白，大吼著要部下舉起高壓水槍射擊。但是，奇怪的事情發生了。當我們靠近時，消防隊員和警察們卻讓出了一條

路，讓我們通過。我看到好多消防隊員和警員都流淚了，我們走到監獄前面，祈禱，離開，一路唱著詩歌。那是一首我大概永遠無法忘記的詩歌，那首歌叫做〈在穹蒼裡有自由〉：

　　我抬頭仰望，在穹蒼裡有自由；
　　我抬頭仰望，在穹蒼裡有自由；
　　我抬頭仰望，在穹蒼裡有自由；
　　在那裡必有一位上帝。

　　數年前，金恩在寫給我的信中提到：「我相信我們也可以用非暴力的方式改變美國，這是我的夢想，我一定要實現它！」如今，我似乎看到這個夢想，不但打動了黑人，也同樣打動了白人，改變美國，已經不再是遙不可及的夢想了。

05

走向華盛頓

　　當然，伯明翰的成功，並不代表全美國的成功，相反的，其實還有一段很長的路要走。金恩希望實現的，是一個黑人與白人完全平等的社會，在美國這個號稱民主的國家裡，能夠擁有一樣的權利，盡一樣的義務，享一樣的地位。

　　「我覺得我們該找一個更有象徵意義的，更受到國際矚目的地方，然後辦一個更大的活動，像是紐約的時代廣場，或是華盛頓的哪裡……」金恩說。

　　「這裡如何？」我把配早餐咖啡的報紙丟在金恩的面前。今天的報紙上正好在介紹林肯紀念堂的旅遊攻略。

　　「對！就是這裡！這太完美了！」金恩高興

的大叫，「今年剛好是林肯總統的《解放黑奴宣言》頒布一百週年，我們可以運用這個機會，好好的辦一場盛大的活動。」

於是，金恩便開始籌劃這個以「向華盛頓進軍」為名的活動。在此同時，國會裡已經開始熱烈的討論《公民權法案》了，因此，向華盛頓進軍的遊行，便和《公民權法案》的催生，緊緊的綁在一起。

在伯明翰的行動中，甘迺迪總統曾經為我們仗義執言，之後，他便提出要立法保障所有的美國人在各類的公共場所裡享有平等的權利，並且，給予黑人更完整的投票權。這樣的構想成形之後，甘迺迪總統便將立法的草案交付給國會，要求國會可以儘速完成立法。這個法案，就被稱為《公民權法案》。

但是，這個法案在國會中受到正反兩方人馬激烈的辯論，因為這個法案一旦通過，就等於廢止了種族隔離制度，白人和黑人，將不再被制度

所區隔。金恩和參加籌備會議的黑人勞工領袖飛利浦‧藍道夫以及其他黑人民權領袖，便熱切的希望向華盛頓進軍的遊行活動，能夠成為表達黑人對《公民權法案》通過的期望。

　　「不！不只是黑人，」金恩說，「這是攸關黑人與白人的法案，我希望這個活動可以向國會展現的訴求是：不論是黑人還是白人，只要是生活在這片土地上的人，都可以享有一樣的權利，握有一樣的選票。我希望每個看到這個遊行的美國人都會受到感動，並且認同而且支持法案的通過。」

　　「我們大概可以動員多少人？」藍道夫問。

　　「我們希望到場的人數可以有十萬人，」我說，「如果透過全國的電視和廣播，當天看到或聽到的人，應該可以有數百萬以上。」

「那這十萬人的住宿問題怎麼辦?如果他們不是華盛頓附近的人呢?」一個領袖提出了很重要的問題。

「我們的教會都願意提供住宿的地方!」幾位教會領袖提出了解決的辦法，令我們感動的是，其中很多是白人牧師以及白人教會的代表。

「十萬人啊⋯⋯?會不會暴動啊?」藍道夫有點憂心。

「總統也問過我一樣的問題,」金恩說,「總統也怕這麼多人湧進華盛頓，一定會帶來很多騷動，要是有什麼擦槍走火的動亂，一定會被那些反對法案的人拿來當藉口，說我們黑人還沒有準備好享有公民權。

「總統還問，這個遊行剛好和《公民權法案》的立法討論時間放在一起，會不會不是個好時機?我告訴他，民權運動的遊行，永遠沒有一個所謂的『好時機』，或是一個『完美的時機』。但

是，」金恩停了一停，繼續說，「從我一開始參與黑人民權運動以來，就是採取非暴力的方式來抗爭的。我對我們的同胞有信心！」

人少會煩惱，人多也擔心，儘管金恩嘴巴上說得一派輕鬆，但是我知道他還是對這個遊行的秩序問題有點憂慮。所以，我們還是在整個遊行活動當中，規劃了許多維持秩序的工作人員。金恩也跟總統保證，遊行可以和平理性的落幕，並且還要——這是最重要的——感動美國人的心！

時間很快的來到活動當天，1963 年 8 月 28 日。前一天晚上，金恩徹夜未眠，準備著他今天的演講稿。這個遊行活動裡，安排了幾位演講者發表講演，金恩被排在最後一位，因為大家都覺得他那極富張力的講道功力，最適合放在活動的壓軸。

我去敲了金恩的房門，一如往昔的，他正在整理著他那一臉的鬍渣。

「我幫你把演講稿拿去打字吧？」我問。

「好啊！我們把講稿發給新聞界的朋友，這樣可以更有影響力。」金恩回答。

「哇！」我一邊翻著金恩的稿子，一邊數，「你要講這麼多啊？你昨天沒睡吧？」

「是啊……」金恩漫不經心的笑著，「他們只給我八分鐘，如果都讓我講，我可以講更久。我擔心這八分鐘沒有辦法把我想要表達的都說清楚，這樣，我們的苦心就白費了。從林肯總統那時候到現在，我們的同胞等待公民權已經等了一百年，如果，我們不能夠在這個活動裡讓同胞看到希望，我很擔心他們真的會暴動。」

此時隔壁房裡的電視傳來聲音，是金恩夫人開的，她想要看看晨間新聞對這個活動有什麼報導。金恩和我聞聲而去。電視上一個白人主播語帶戲謔的說：「我看這個活動，大概不會有一萬人參加，何況天氣又這麼熱，依我看，最多也不會超過兩萬人。」

「兩萬人是吧？」金恩點點頭，「我要讓你看

看我們同胞的力量。」

● ☆ ● ☆ ● ☆ ●

活動預計在下午一點半開始，遊行的路線從白宮的後面出發，經過華盛頓紀念碑旁的公園，

最後通過大水池抵達林肯紀念堂。金恩和幾位演講者的演說也將在這裡舉行。

我們提早抵達了活動現場，這個時候已經是萬頭攢動了，而且不只如此，還有許多人陸陸續續抵達，這還不包括許多已經在林肯紀念堂前聚集的民眾。下午一點半，活動準時開始，金恩走在遊行的人群中，跟著民眾一起唱歌，一起喊口號。藍道夫的助理在人群中好不容易才擠到我們身旁，他氣喘吁吁，卻語帶激動的喊著：

「金……金恩博士……二十五……二十五……萬人，已經到二十五萬人了！」

說真的，這個數字已經超過我們的預期，讓我們真的嚇了一跳。我回頭，看著這一大群的民眾，來自於美國各個州、各個城鎮，他們有的是沒沒無聞的販夫走卒，有的是赫赫有名的明星球員；有的是滿身髒汙的工人，有的是坐領高薪的老闆；有的是知識分子，有的目不識丁；而且，不是只有黑人，還有難以計數的白人！金恩哭了，

他感動得哭了，因為在美國從來沒有這樣大規模的政治集會，也從來沒有這麼多人為了一個理想共同表示訴求，更從來沒有這麼多人關心過黑人同胞的問題。

下午大概三點左右，悶熱的天氣並沒有趕跑這些人，反倒越來越多人擠向林肯紀念堂。主持人藍道夫以「全國人民的精神領袖」介紹金恩上臺，臺下的人報以熱烈的掌聲。金恩站在臺上，緊閉著雙眼，我想他必定是努力的掩飾自己激動的情緒，因為他必須要把他的理念，好好的藉著這場演說傳達出去。臺下的人都靜默了，靜靜的等待金恩說話。

「今天，我很高興跟你們大家在一起，參加這次有史以來，為了爭取自由而舉行的偉大集會！」

「一百年前，一位偉大的美國人，就是我們現在站在他的紀念堂前的林肯總統，簽署了一份偉大的 《解放黑奴宣

言》，這個法令的頒布，為千百萬個生活在水深火熱的黑奴們，帶來了希望之光。然而，一百年後的今天，黑人仍然沒有獲得自由！」

金恩細數著這一百年來應該給予而沒有給予黑人的權利，金恩告訴大家，我們絕對不會對現在虛偽的正義感到滿意，直到真正的公義降臨這個社會。他告訴在場的民眾，以及那些聆聽著廣播、注視著電視的民眾，「這種情況將會改變，我們絕對不會在絕望的深淵裡繼續沉淪！」

在場的聽眾歡聲雷動，熱烈的鼓掌叫好。也許是受到現場氣氛的感動，金恩把他的講稿放在一旁，把他內心的願望清楚的訴說出來：

我有個夢想，夢想有一天，這個國家將會實現她立國的真諦，那就是人人生而平等；

我有個夢想，夢想有一天，在喬治亞州的紅山頂上，黑奴的孩子們，能和黑奴主人

的孩子們像兄弟一樣並肩而坐；

我有個夢想，夢想有一天，我的四個孩子
將生活在一個不是以皮膚的顏色，而是以
品格的好壞來決定他們是不是好學生的國
度裡；

我有個夢想，夢想有一天，阿拉巴馬州的
黑人兒童能跟白人兒童像兄弟姐妹一樣的
攜手並行！

雖然這段演說，我在 22 世紀的大學英文名著選讀
課裡早就聽過了，但是，在現場的我，卻依然流
下了眼淚。金恩越講越激昂：

到那個時候，我的朋友，上帝的孩子們，
不論是黑人還是白人，都能夠手牽著手，
一起唱著那首古老的黑人詩歌：「自由了！
我們終於自由了！感謝全能的主，我終於
自由了！」

　　隨著金恩演說的結束，整個遊行活動在平和與感動中落幕。金恩的演講詞受到全國電視和報紙的關注與刊載，甘迺迪總統還在白宮款待了這次遊行活動的領導者們，同時再次重申了對《公民權法案》的支持。總統也相信，以今天這樣規模龐大的群眾運動造成的壓力，國會議員一定會讓這個法案順利通過的。

　　可惜，甘迺迪總統並沒有看到法案的通過，因為就在遊行活動結束後三個月，他在德州遭到刺殺。那一年，他才四十六歲而已。這個刺殺案件驚動了全世界，也讓我警惕到，金恩的壽命，只剩下五年不到的時間了。

我們也要投票權！

　　甘迺迪總統死後，詹森副總統依照憲法接任總統職位，美國也很快的從悲傷的氣氛中重新站起來。國會持續推動著《公民權法案》，直到1964年的7月終於通過了，所有美國境內分隔白人與其他有色人種的招牌、標語和措施都得撤銷。與此差不多同時，諾貝爾基金會提名金恩角逐和平獎，並在年底於挪威的奧斯陸大學把獎項頒給了金恩。此時，金恩才三十五歲，是有史以來最年輕的獲獎人，也是有史以來第三位獲得諾貝爾和平獎的黑人。

　　金恩的獲獎，對他這些年來的努力是一種肯定，金恩對記者說：「我相信這個和平獎不是我個人的榮譽，這個獎項應該頒給千千萬萬有紀律、

自制、實踐非暴力精神的黑人鬥士，以及與我們站在同一陣線的白人朋友，使我們可以攜手共創一個充滿公義與愛的家園。」所以，金恩決定把獲得的五萬四千六百美元獎金，全部捐贈給各個黑人人權組織與美國和平基金會。

不過，這項殊榮似乎只有在國外受到重視，因為在國內，金恩遭到各式各樣的毀謗與威脅。有一天早上，金恩丟給我一份報紙，說：「你看，他們給我安了個什麼罪名？」

我一看，是一篇八卦報導，裡面說金恩跟許多女人有著不正常的男女關係，報導指出，金恩不但欺騙了他的支持者，而且還跟共產黨走得很近。

「你說，這個諾貝爾獎有什麼用？在國內我到處被這些八卦新聞汙衊，聯邦調查局還不斷的竊聽我的電話。」

「真的假的？竊聽？」我驚訝的說。

「不信我們來玩個遊戲。」金恩做了一個鬼

臉，然後要我回到我的旅館房間去等他的電話。

我正百思不得其解時，金恩的電話打來了，我接起來，金恩說：

「提姆，你去對街電話亭那裡，找一個穿著大衣戴著帽子的白人，跟他說金恩要你來拿文件，這文件非常重要，一定要交給我。」

「喔？好！」我掛上電話正準備要出門，金恩已經跑到我的房門口，把我拉到窗邊，果然，對街的電話亭旁真的有個穿著大衣戴著帽子的白人，但沒有多久，對街開來了一輛警車，下來兩個警察，二話不說就把那個白人給押上車，然後車子就開走了。

金恩看到這一幕不由得大笑了起來。

「那個白人不是我們的人嗎？」我緊張的問。

「哈哈哈！我注意那個人很久了，他是聯邦調查局派來監視我們這間旅館的，我知道他們有人在竊聽我們的電話，所以胡謅了一個故事讓他們以為那個人跟我們是一夥的，現在真的來把他

抓走了，你看，是不是真的？」

　　我不得不佩服金恩的幽默感，這是他一貫在壓力之下保持笑容的辦法。

　　其實，《公民權法案》也好，諾貝爾和平獎也罷，這兩件事情雖然都是黑人民權運動的一大步，但是真正的終點還是很遠的。《公民權法案》只是將種族隔離政策廢除，但是那些警察的暴行、有色人種在就業上受到的歧視，其實並未真正消失，還有最重要的就是黑人仍然沒有辦法享有完整的投票權。

　　「爸爸，學校老師不是說，我們在南北戰爭之後就已經可以投票了嗎？」金恩八歲的大女兒尤藍達問。

　　「沒錯，」金恩回答說，「南北戰爭後，國會在 1870 年通過了《憲法》第十五條修正案，給予全國有色人種投票的權利。可是，一些南方的州卻運用了一些方法，來限制有色人種的投票權，例如讀寫能力的測試。」

「讀寫能力？我會讀也會寫啊？那我就可以投票囉？」尤藍達天真的說。

「呵呵呵！沒那麼容易！我親愛的女兒，」金恩笑著回答，「所謂的讀寫能力測試，並不是一般的聽說讀寫而已，而是用一些很奇怪的題目來問妳，譬如說，一個最有名的題目是：『一塊肥皂中有多少泡泡？』」

「一塊肥皂……多少泡泡？」尤藍達有點苦惱，「很多啊！」

「叭──答錯！」金恩學著電視上機智問答的主持人回答尤藍達，然後安慰她說：「寶貝，別難過，這題是沒有標準答案的。所以說，這種所謂的讀寫能力測試，其實是對少數族群投票者的壓制和騷擾。他們用這些問題來認定我們黑人是文盲，所以不能投票，但是，那些來投票的白人卻不用接受讀寫能力測試。

「因為投票權限制了我們黑人參與政治的權利；如果沒有投票權，就沒有辦法選出能夠幫助

黑人的議員；沒有幫助黑人的議員，就不能制訂平等的法律來保障我們，知道嗎？」

「沒錯！將來我們還可以選黑人當總統！」我一興奮不小心說漏了嘴。

「總統？」金恩懷疑的看了我一下，「提姆，你跑太遠了啦！」

沒錯，是太遠了，因為金恩不知道，2008年，巴拉克・歐巴馬成為美國第一位黑人總統，並且在 2012 年獲得連任。

● ☆ ● ★ ● ☆ ●

於是，金恩開始籌劃遊行，希望可以遊說國會完成《投票權法案》的制訂。金恩認為，要讓國會議員感受到人民的聲音，就要找個最受矚目的地方發起遊行，從伯明翰到華盛頓，金恩一直都是這樣想的。於是，金恩又回到阿拉巴馬州，並且選擇了賽爾馬市。

賽爾馬位於蒙哥馬利西邊五十哩的小城，但是，這是公牛康納的出生地，同時也是白人公民議會的所在地，是一個非常具有象徵意義的城市。賽爾馬市的警長吉姆‧克拉克反對取消種族隔離政策的程度不亞於他的同鄉公牛康納，甚至可以說是比公牛康納更為積極。而且，克拉克跟公牛康納不同，公牛康納敢在記者面前公然毆打黑人，而克拉克則會巧妙的避開記者，執行他的私刑。

除了克拉克，新任的州長喬治‧華萊士，他的競選政見，就是要維護種族隔離制度，並且因

此而當選。他甚至向阿拉巴馬州的人民保證，只
要他當州長一天，他就會站在學校門口，阻擋黑
人進學校。這麼明顯的宣示，讓賽爾馬的遊行還
沒開始就已經充滿對立的火藥味。

想要投票的黑人，必須先
在投票登記日辦理登記，
但這些申請的表格都非
常長，登記者常因為一
些很小的錯誤就失去了

投票的資格。因此，這個程序根本就是要刁難我
們黑人同胞。為了抗議這個不公平的對待，金恩
在投票登記日發動了一次遊行。但出人意料的，
克拉克局長竟然沒有以武力驅散我們，反倒對我
們以禮相待。

「我有點失望……」金恩落寞的說。

「可是克拉克看起來就不像是會和平解決問
題的人。」我說。

「也許今天他們只是想要看看我們的耐心，

克拉克或許認為我們只是喊好玩的而已。」金恩露出一副看起來就像是打算進行長期抗戰的表情。

第二天，金恩又派了一群人去抗議，結果這些人全進了監獄。然而，示威遊行每天都在進行，人數越來越多，於是州長派了國民軍前來協助維持秩序，把我和金恩，以及許多示威者一起關進了監獄。

「你看，我就說你是我永遠的牢友吧！」金恩一副漫不經心的表情。

「可是我們都被抓了，誰去領導遊行呢？」我有點擔心的問。

「別擔心！」金恩很有把握的說，「我早就安排好了。我們這叫做『漸進式』的入獄，不是一次全部都被抓起來。我們這些運動領袖，要慢慢的，一步一步的被抓，這樣有人在監獄裡製造輿論的壓力，有人在監獄外持續領導遊行，運動才會成功！」

　　我不得不佩服金恩的老謀深算，雖然他才三十多歲而已。金恩被捕的消息，讓國會派了一組調查團來到阿拉巴馬州。不久，金恩被保釋，剛被保釋出來，就立刻前往華盛頓去見詹森總統。

　　雖然詹森總統一再保證對《投票權法案》的支持，但是，阿拉巴馬州就像是獨立的州一般，完全不理會國內的輿論與總統的態度，依然故我的迫害著我們的同胞。在數次的衝突中，警察們用上各種不同的武器——是武器，不是伯明翰的高壓水槍或是警犬而已——他們帶著趕牛用的帶刺驅牛棒追趕學生；州國民軍用真槍實彈殺害了一個名叫吉米的年輕人；在一次遊行中，警察把一名黑人小孩，從教堂的彩繪玻璃窗丟到室外，玻璃的碎片灑了一地，幸好這孩子沒有生命危險。這些暴行被記者披露了之後，全國都感到震驚，輿論譁然。許多地方都出現了同情阿拉

巴馬州遊行的群眾運動。

　　1965 年 3 月 25 日，這一天是禮拜天。大約六百名群眾發動了遊行，要從賽爾馬走到首府蒙哥馬利。遊行群眾被警察攔下，並被要求返回賽爾馬，但群眾卻跪下禱告。在這個時候，員警用鞭子、警棒和催淚瓦斯對付他們。整個場面都被記者拍攝下來，並且在全國的新聞節目中播出，這個醜陋的禮拜天，便被稱為「血腥禮拜天」。

　　由於血腥禮拜天的畫面太過震撼人心，使得國會加速了對《投票權法案》的審議，並且獲得了大多數議員的支持。終於，在 8 月 6 日這一天，由詹森總統簽署，使這個法案生效。自此，在美國所有的有色人種，都可以享有同等的投票權利，而不會再受到各州政府的干預；我們的同胞，再也不用回答「一塊肥皂有多少泡泡」這類愚蠢的問題了！

　　正當我們的伙伴一同慶賀著《投票權法案》通過時，金恩已經在構思他下一步民權運動的目標了。而這也意味著，金恩被刺殺的時間一步一步的逼近。有一次金恩不經意的跟我說：「提姆，林肯因為解放黑奴被暗殺，甘迺迪在推動《公民權法案》時被刺殺，我最崇拜的甘地也是被激進分子暗殺而死，你說，下一個會不會輪到我？」

　　我當時差點衝動的告訴他：「對，就是輪到你！」但我終究還是說不出口。

　　「不會啦！我們多留意一下就好。」我只能這樣無關痛癢的回答他。

　　「其實，我早就做好被刺殺身亡的打算了。真的，上次我在布倫史坦百貨公司的簽書會上被

拆信刀刺進胸口的時候，我就已經做好去見上帝的打算，而且，那個時候我告訴我自己，如果我就這樣死去，還有千千萬萬個馬丁·路德·金恩會像我這樣繼續推動民權運動的，」金恩接著說，「我覺得死亡並不可怕，真正可怕的，是身在不平等中卻對自身的權益冷漠、忽視，甚至是委屈的接受這樣的不公平。我們的先祖們，就是在這樣的冷漠中，被壓榨了這麼久。很多人告訴我這樣做已經夠了，但我覺得還不夠，我的目標，是要讓一個黑人和一個白人一起走在街上，同樣昂首闊步，享有同樣的權利，也享有同樣的尊嚴。」

「對了，」金恩突然想到，「既然說到了百貨公司的簽書會，你那個時候站在我旁邊，你有沒有……嗯……聞到一股特別的味道，好像……好像……」

這個時候金恩夫人端進來一整籃的蘋果。

「蘋果！」我和金恩異口同聲的說。對！那個時候就是有一股蘋果味飄來，然後我就打了噴

嚏。可是我覺得除了蘋果味，好像還有其他的味道夾雜在一起，那是一個既熟悉、又陌生的味道，我只知道，那個味道讓我很不舒服。

●　☆　●　☆　●　☆　●

　　金恩的下一步，是消除黑人的貧窮。在推動《投票權法案》的時候，我們在阿拉巴馬州的一個偏僻的小郡看到了驚人的事實。那裡的黑人家庭竟然沒有看過美金，他們從雇主那邊領到的，是一種非正式的小紙條，只能憑紙條在雇主開設的商店中兌換商品。這種完全把黑人封閉在自己領地中的可惡作法，根本就是把黑人當作奴隸一樣看待。因此，金恩決定要讓黑人們從貧窮的困境中獲得自由，首先，便是要讓黑人擁有平等的工作權利。

　　金恩和工作伙伴想出了一個「麵包籃計畫」，金恩認為，麵包籃內的

麵包，是一個家庭中最基本的生活需求，如果連麵包籃都是空的，就沒有什麼生活可言了。所以，這個麵包籃計畫，簡單的說，就是要填飽黑人的肚子。

但是，這個時候的美國，正被越南戰爭所困，並且越陷越深。金恩並不認同越戰，在非暴力的原則上，金恩總是希望用非暴力的方式來解決問題，而越戰，卻是恰恰相反的。因此，金恩發表了許多次的演講，堅定的表示他反戰的立場。這個舉動，讓原本一直支持金恩的詹森總統很不高興。

美國從艾森豪總統時代開始，以援助越南的名義介入南越和北越之間的戰爭，到了甘迺迪總統，變成正式加入這場戰局。甘迺迪總統被刺殺以後，詹森總統延續了甘迺迪的越戰政策，甚至派出更多的美軍，讓越南的戰事更加擴大。但是，隨著戰事越拖越久，詹森的聲望也日漸下滑。因此，金恩對越戰的批評，詹森都認為是在對他進

行人身攻擊。

但金恩並不在乎詹森總統在各個公開場合對他的批評，仍舊持續進行著消除黑人貧窮的遊行計畫，而這一次，金恩希望從各地招聚貧窮的美國人（不只是黑人，也包括了其他有色人種，甚至是在貧困當中的白人），一起走向華盛頓，希望這個國家可以更重視窮人的權利。

「我必須告訴你，金恩的日子快要到了。」Data One 提醒我，「而且，總部這邊接到一些不尋常的訊號，發現在刺殺事件那一天前前後後，有許多時空的波動，也就是說，有很多次時空轉移發生，但是發生的確切時間和地點都很模糊，有點奇怪，你得留意一下。」

在歷史的記載中，金恩接到了來自孟非斯市

的邀請，希望金恩到那裡去聲援他們的罷工運動，而金恩就在孟非斯下榻的旅館陽臺上被槍殺了。事件發生之後的兩個月，凶手詹姆斯・厄爾・雷（正確來說應該是懷特）被逮捕，而且他被認為是唯一的凶手。凶手行凶的動機眾說紛紜，成為一個難解的謎團。

我拿著之前 Data One 傳給我金恩被刺殺前後拍的幾張照片。

「從這張照片看來，子彈是從左邊的臉頰打進去的，所以，凶手是在金恩的左邊方向。這麼說，開槍的第一現場應該就在旅館對街。」我自言自語的說。

第二天，我藉故向金恩請了假，來到金恩將被暗殺的地方──孟非斯的洛林汽車旅館。那是一幢兩層樓的 L 型建築，金恩被刺殺的位置，正好面對著空曠的大街，是一個完全沒有掩蔽的地方。

當我正在勘查地形的時候，遠遠聽到有汽車

接近的聲音。我閃到暗巷之中，看到一輛老爺車緩緩滑進洛林汽車旅館的停車場，車子沒有開燈，似乎是刻意不想被人發現。車子熄火之後很久，車上下來一個熟悉的身影，是詹姆斯，不，是懷特！他左顧右盼了一下，從副駕駛座拿出一個長盒子（我相信裡面就是那把拿來槍殺金恩用的狙擊槍），關上車門，走向旅館大門。懷特經過我躲的暗巷時，把夾在腋下的一份報紙隨手扔在巷口的垃圾桶中，然後就進了旅館。

　　等了一會兒，我把那份報紙拿起來，那是一份《亞特蘭大憲法報》，裡面報導了金恩將抵達孟非斯的行程，而且，被懷特用紅筆畫了一個圈。看來，懷特已經準備就緒了，今天是 4 月 2 日，明天金恩就要到了。

　　我悄悄的拿著

懷特的照片詢問旅館服務員，他們斬釘截鐵的告訴我，住在樓上三一一號房的人就是懷特。我想，是時候了。

「要不要先回報總部，請求支援？」 Data One 問我。

「來不及了，我先動手！」我握緊我的配槍，轉到麻醉模式，我打算把懷特生擒。到了三一一號房門口，我聽到懷特正在和別人通話。

「I，我抵達了，目標是明天嗎？……好……沒問題……記得你答應我的……該是我的你得給我……好……」

趁此機會，我破門而入。懷特似乎沒有料到我的出現，被我一槍擊中胸口，當場昏厥過去。懷特的房裡架著一把剛組好的狙擊槍，槍的旁邊散落著各樣的狙擊計畫，包括整個旅館的平面圖。原來他打算從停在旅館左側的車子內，直接槍殺金恩。我把懷特五花大綁起來，並且通知時空巡警悄悄派人來把懷特押解回去受審，這個故

事也該到此落幕了。

4月3日，金恩來到孟非斯，我則忙於撰寫我的結案報告。雖然懷特被捕了，但是我的心裡卻依舊惴惴不安，好像有件大事將要發生。

4月4日，一整天金恩都在探視罷工的群眾，並且和罷工的領導人開會。

六點了，也該是跟金恩辭行的時候，我得回去22世紀覆命，可是該怎麼跟金恩開這個口？關於這個問題，我已經想了兩天了。即便我跟他說實話，他大概也不能理解這是真的。

「對了！我何不乾脆把那張他被槍擊的照片給他看，他就會相信我是來自未來的時空巡警？」我不得不佩服自己能想出這麼有說服力的高招。於是，我拿出照片準備去找金恩。此時，金恩正從屋內出來要去參加晚上的集會，在陽臺上和今晚活動的歌手討論相關的細節。

我低頭看了看這張照片，暗暗的告訴自己已經避免了一件時空犯罪，並為此感到自豪。突然，

照片中的一角吸引了我的注意，那是洛林汽車旅館的霓虹燈招牌，照片中依稀拍到了 "MOTEL" 當中的 "MOT" 三個字母，但是，三個字母排列的方式卻是 "TOM"！

「不對！這張照片是左右顛倒的！」我大吃一驚！原來自始至終，我拿到的照片就是左右顛倒的，所以，凶手不是從金恩的左邊開槍，應該是右邊！懷特只是個幌子，真正的凶手另有其人！我衝往旅館的右側，這時金恩已經站在陽臺上，

正在和歌手聊天。金恩說：「你今晚一定要唱〈榮耀的主，請牽我手〉這首歌。」我的天！這是金恩在世上說的最後一句話，我回頭正要大喊，一聲槍響劃破了夜空，金恩倒在陽臺上，鮮血直流。

有人在二樓指著對面大喊：「凶手在那裡！」一道人影閃過汽車旅館的屋頂，往對街逃去。

我追了上去，凶手一直往前跑，跑進了一間廢棄的工廠，我沒有多想就追了進去，一直追到工廠的後門。看來，後門被堵住了，凶手急著想要把門給推開，卻反倒被雜物給困住了。我舉起槍對準他，大喊：

「不准動！警察！」

「不要開槍！不要開槍！」凶手大喊。

「你是誰？」我問。

「我是……詹姆斯·厄爾·雷。」凶手用顫抖的聲音回答。

「騙人！詹姆斯已經被捕了！」沒錯，不但被捕了，而且被我送回去22世紀了。

「我真的是詹姆斯，請你不要殺我！」這個自稱詹姆斯的年輕人繼續大喊。

「是你殺了金恩？」我問。

「不是，不是我，我沒有殺人，都是那個人叫我殺的。」顯然他已經語無倫次了。這個回答跟那個用拆信刀刺殺金恩的婦人講的話幾乎是一樣的。

「那個人？哪個人？說！」我憤怒的命令他。

「我不知道……我不認識他，他給我一筆錢……要我這樣做的！」

「是誰？長什麼樣子？」我繼續問。

「我不知道……我真的不認識他……他每次出現都是戴著面罩……連聲音都變得很奇怪！」

變聲器？這會是誰？是幕後的主使者嗎？

「我……我只知道每次見到他，都……都會、都會聞到一股味道……」

「什麼味道？」

「是蘋果……」詹姆斯說，「加上……香草的

味道！」

● ☆ ● ☆ ● ☆ ●

這是老大的雪茄菸，獨特的香草味中卻帶著淡淡的蘋果味。

「嘿！提姆，」老大往空中噴了一口煙，「你還是對菸味這麼敏感啊？我今天抽的這個雪茄可是 1980 年代才調配出來的新配方呢！你要不要嚐嚐看？」

● ☆ ● ☆ ● ☆ ●

糟了！我上當了！我的背後一陣刺痛，接著就失去知覺了。

超越時空的陰謀

　　等我醒來的時候，我被綁在工廠內的柱子上，背部隱隱作痛，應該是被電擊的傷口。

　　「你總是不肯放棄，對吧？」聲音從黑暗中傳來，這個人的聲音是透過變聲器傳出來的。

　　「我沒有想到會是你！……老大……」我說。

　　「你……叫誰呢？」對方有點訝異我這樣叫他。

　　「香草口味帶著蘋果香的雪茄，得到1980年代之後才調配出來，不是嗎？老大？」

　　「喔？你變聰明了！既然是這樣，那我就不用躲在陰影裡了。」老大走到燈光底下，拔掉變聲器。「提姆，我不是告訴過你，守則要你維護歷史，你卻想要改變歷史。」

「為什麼？為什麼是你？你就是跟懷特通話的I？為什麼要殺金恩？」我問。

「為什麼？金恩太礙事了！」老大冷笑，「什麼黑人民權？什麼《權利法案》？什麼投票權？我告訴你，對這些黑鬼都是多餘的！他們應該回到19世紀去當奴隸！」

「人人生而平等，這是美國的《獨立宣言》，也是全世界的人都認同的普遍價值啊！不是嗎？」我質問道。

「人人？不……只有白人，只有白人生而平等，你們，包括你！都沒有資格跟我們白人談平等！」

「但是你為什麼要殺金恩？殺了金恩，難道就會改變這一切嗎？黑人的權利已經改變了，你殺了金恩也沒有用啊！」我怒吼。

「哼！你太天真了。你知道現在外面發生什麼事情嗎？全國各地的黑人，發起了遊行跟抗議，許多地方的黑人開始暴動，我告訴你，事實馬上會證明，這些黑鬼根本沒有資格享受這些權利！到時候國會會重新審理這些法案，這才是我真正的目的！哈哈哈哈……」他的笑聲在廢棄的工廠裡迴盪，聽起來是這麼的刺耳。

「不會的！金恩告訴我們，非暴力才能解決問題，我們的同胞不是愛暴力的人。」我爭辯。

「所以我才要殺了金恩，只要殺了他，就會激起暴動，我的妙計才可以實現！你和你那些黑漆漆的同胞都等著回去當奴隸吧！我要讓你們永

遠抬不起頭！這樣，歐巴馬也甭想當上美國總統，白人才是永遠的領導者！」

「你……你太過分了！你肩上的時空巡警徽章都會為你哭泣！」

「哈哈哈！是喜極而泣吧！我得先把你處理掉才行，不過你放心，我會讓你死得轟轟烈烈一點，就像金恩一樣。你看，你的死亡報告我都幫你打好了。」他丟了一份報告在我的腳邊，上面寫著：

> 提姆‧亞伯納西少校，因執行時空任務時，誤入即將炸毀的工廠，因此遭到炸死。

「怎麼樣？不錯吧？我會幫你辦個風風光光的葬禮。喔！對了，順便告訴你，懷特只是為了騙你而設下的幌子，現在我的伙伴應該已經把懷特給放了，等著我回去跟他一起開慶功宴吧！還有，破

壞時空膠囊、刪除紀錄、修改照片、把詹姆斯的照片替換成懷特照片的也是我，那個在布倫史坦百貨公司叫你的也是我，這樣，你大概就可以瞑目了。好吧！為了不要讓你太痛苦，我先把你電暈，明天一早，這裡就會被炸成平地了！再見，提姆，喔不！應該是永別了！去見你的金恩吧！」

一陣刺痛，我又暈了過去。

● ☆ ● ☆ ● ☆ ●

等我再次睜開眼睛，我躺在一張床上，周圍全是陌生的環境。

「你醒了？」

我轉頭，竟然看到 Data One 在我身旁。

「這裡是……？」我好像還在夢裡，但我已經搞不清楚，到底哪一個是夢，哪一個是現實？

「這裡是時空巡警在 20 世紀紐約的地下工作

站。」Data One 回答我。

　　「20 世紀……？我不是被炸死了嗎？」我依稀記得好像有這個情節。

　　「你得謝謝這個人。」Data One 說著，小曹走了進來。

　　「小曹？」

　　經過他們的解釋我才知道，原來，老大，喔不，應該叫嫌犯伊恩早就被時空防護局的總部給盯上了，他們懷疑前一次懷特逃走，就是伊恩放水的結果。於是總部派小曹假扮成資訊室工程師來大西洋司令部臥底，從中搜集相關證據。Data One 給我的手表，除了傳送訊息給我，同時也將訊息傳送回總部。因此，伊恩的話，全都變成了罪證確鑿的呈堂證供。在我被伊恩電暈的時候，小曹就率領駐 20 世紀的時空巡警前來救援，並且

把伊恩逮捕歸案，送回 22 世紀受審。而懷特和伊恩的黨羽，也被一舉查獲，全都鋃鐺入獄。

「20 世紀有時空巡警？我怎麼不知道還有這個地下工作站？」我疑惑的問。

「讓你知道，就表示你要升官了，恭喜你，亞伯納西中校，」小曹說，「因為你的表現，剛才總部已經任命你成為這個工作站的一員，負責保護 20 世紀的時空秩序。你好好休息吧！傷好了就得工作囉！Data One 就麻煩你照顧囉！」小曹向我敬了個耍帥禮就走了。

小曹走後，我問 Data One：「對了！暴動還在進行嗎？」

「沒有，後來詹森總統發表演說，要大家牢記金恩的非暴力主張，要大家冷靜思考，不要枉費了金恩用生命所換來的和平。」

「嗯，所以伊恩的陰謀其實並沒有達成？」

「是的，我們查出他原本打算在炸死你之後，還要到全美各地煽動更多的族群對立事件，讓整個美國變成民族仇恨最嚴重的國家。幸好他已經被抓了，不然後果不堪設想。」

「不，我想煽動族群對立沒有那麼容易的。經過了這二十多年來在金恩身旁的日子，我相信人類基本上都是善良的，也都是愛好和平的。那些宣稱種族隔離、歧視的人，都是為了自己的利益來煽動群眾，蠱惑人心，最後的目的其實都是為了自己。」

●　☆　●　☆　●　☆　●

金恩的葬禮在 4 月 9 日舉行，儘管我的傷還未痊癒，我還是參加了這場葬禮。這天，亞特蘭大一所教堂內擠滿了八百多人，都是為了要來瞻仰金恩的遺容。隨後，金恩的遺體被葬在南景墓園，就在他最愛的祖母墓旁。

人潮漸漸散去，我看著墳墓上刻的，是他常唱的黑人詩歌，寫著：

自由了！我們終於自由了！感謝全能的主，我終於自由了！

我站在墓前對金恩說：「馬丁，抱歉，沒能讓你躲過這一關，謝謝你讓我學會暴力不能解決問題，你的努力沒有白費，歷史會證明一切的，你在天堂，就好好看著吧！」

我擦乾眼淚，轉身離開。也許，歷史不能改變，但是，金恩口裡常叨念的「改變美國」，正在一步一步的實現。

後記

　　美國，一個總把自由、平等與民主掛在嘴邊的國家；其實，充其量只是白人的自由、平等與民主而已，至少在馬丁·路德·金恩之前的美國社會是這樣的。我們在課堂上所學的歷史總告訴我們，南北戰爭之後黑奴都被解放了，就像童話故事裡的王子跟公主一樣，黑人從此過著幸福快樂的日子。但這其實都是片面的歷史事實而已。

　　由於美國採行的是一種聯邦制，整個美利堅合眾國，也就是我們俗稱的美國，是由各個獨立的州政府所組成，因此，每個州有很大的自主權，可以自行決定他們對內的政策，其中也包括了是否實行種族隔離。在金恩之前的美國，雖然有《解放黑奴宣言》成為黑人的依靠，但也僅止於在北方的幾個州實行得比較徹底而已。在廣大的美國南部，因為黑人在經濟上普遍處於劣勢，迫使他

　　們不得不再度成為依附白人的族群。而有些地方的黑人，所遭受到的不平等待遇，其實與南北戰爭前相去不遠。這就是金恩從小生長的環境，也因此，金恩才會希望改變這個整日把「平等」掛在嘴上，實際上卻極度不平等的國家。

　　然而，改變的方式有兩種，一種是激進的暴力革命，一種是平和的非暴力運動。金恩採行的是後者，並且將這個思維發揚光大。金恩的非暴力運動受到印度國父甘地的影響非常大，而從金恩和甘地所採行的非暴力運動來看，這樣的作法，比激進的暴力革命更能改變一個社會的價值觀念。試想，如果沒有金恩，在美國那樣高度種族對立的情況下，就像一個不斷加熱的壓力鍋，遲早會發生嚴重的流血衝突。然而，金恩的非暴力運動，適時的為這個壓力鍋，宣洩了大量的壓

力，使雙方可以在嚴重的對立情況下，慢慢取得諒解。雖然，這樣的時間可能會很漫長，但是就像金恩所深信不疑的，人類都有善良的一面，在人心的最深處，對於弱者的同情，對於需要者的關懷，是不假外求的。

金恩的非暴力理念，確實也引領了一股世界潮流，許多在世界各地提倡族群平等的領導者，也都依循著這個理念，逐步將他們的理想一一實現。在本書即將出版之際，曾經為了南非種族隔離政策表達不滿，而推行非暴力抗爭的領袖曼德拉因病逝世，整日如跑馬燈的帶狀新聞節目，也不時的報導著這位南非黑人民權領袖的故事。與金恩相似的是，曼德拉為了民權運動而在牢獄中待了長達二十七年的時間。直到 1990 年，當族群平等已經成為了一個普世價值的時候，南非在國

際的輿論下取消了種族隔離政策；同年，曼德拉
也獲得無條件釋放，並在 1994 年成為南非有史以
來第一位黑人總統。

　　因此，金恩的故事不應只關注於他發動罷乘
運動，到在孟非斯洛林汽車旅館倒下的這短短十
多年的歷史；相反的，在世界各地許許多多為著
種族平等、族群和平而努力奮鬥的每一位鬥士身
上，其實都可以看到金恩的影子。雖然，金恩最
後死於暗殺，但是他帶給人們的典範，卻適時的
穩住了當時激動的情緒，而就如前面所說的，金
恩所帶給世人的影響，也絕對不會因為他的死而
結束，就像《聖經・約翰福音》裡面所提到的：
「一粒麥子不落在地裡死了，仍舊是一粒；若是
死了，就結出許多子粒來。」同樣，金恩雖然死
了，但是金恩的精神卻結出了許多的果實，讓「多

元種族文化」不但成為當代美國最引以為傲的核心價值， 也成為世界上普遍認同的一個理想目標，相信這是金恩在倒下之前，所始料未及的吧！

各位讀者朋友，在你的周圍，是否有和你膚色不同，國籍不同，或是信仰不同的人呢？試著去了解他們，認識他們，接納他們，其實，這些外表的不同，並不能成為彼此之間的隔閡，當我們願意除去彼此之間那堵區隔的高牆時，你會發現，其實，他們與我們並沒有什麼不同。當我們比鄰而坐，促膝長談，你就會知道， 在他們不同的外貌底下， 其實有著和我們一樣愛好和平、善良美好的一顆心。你，願意這樣做嗎？

馬丁・路德・金恩　小檔案

1929 年	1 月 15 日出生於喬治亞州亞特蘭大市。

1929 年　1 月 15 日出生於喬治亞州亞特蘭大市。

1951 年　畢業於克勞瑟神學院，取得神學學士學位，並於同年進入波士頓大學神學院就讀。

1954 年　發生「布朗訴教育局案」，美國最高法院判決公立學校必須取消種族隔離制度。

1955 年　12 月 1 日羅莎・帕克女士因拒絕在公車上讓座，「讓座事件」開始。

1956 年　12 月蒙哥馬利取消公共汽車的種族隔離制度。

1958 年　9 月 20 日在哈林區的布倫史坦百貨公司舉辦簽書會時遭刺，逃過一劫。

1963 年　在伯明翰呼籲制訂《公民權法案》，發表〈來自伯明翰監獄的信〉。

8 月 28 日舉辦「向華盛頓進軍」遊行，在林肯紀念堂前發表「我有一個夢想」演說。

1964 年　國會通過《公民權法案》。

獲得諾貝爾和平獎。

1965 年	3 月 25 日「血腥禮拜天」，抗議群眾要從賽爾馬遊行到蒙哥馬利市時遭到警方暴力對待。 8 月 6 日國會通過《投票權法案》。
1967 年	開始關注黑人的貧窮與工作權問題，同時反對美國發動越戰。
1968 年	4 月 4 日遭到刺殺身亡。6 月 8 日刺殺金恩的嫌犯詹姆斯·厄爾·雷在英國倫敦機場被捕。
1969 年	3 月 10 日詹姆斯·厄爾·雷被判刑九十九年。
1977 年	6 月 11 日詹姆斯·厄爾·雷越獄，後於 6 月 13 日再度被捕，1998 年死於獄中。

● ✪ ● ✪ ● ✪ ●

1966 年	愛德華·布魯克成為美國第一位進入參議院的黑人參議員。
1967 年	瑟古德·馬歇爾成為美國第一位聯邦最高法院的黑人大法官。
1990 年	勞倫斯·懷爾德當選維吉尼亞州長，也是美國第一位黑人州長。
2008 年	歐巴馬當選美國總統，成為第一位黑人總統，並於四年後獲得連任。

參 考 資 料

- 《我有一個夢想：馬丁·路德·金告訴我們》／Martin Luther King, Jr.、霍玉蓮著
- *Martin Luther King*／Nancy ShuKer 著

- 《中國時報·金恩牧師的夢碎了嗎？》／林博文／102 年 7 月 17 日／A15 版
- 《中國時報·我有一個夢繼續啟示著》／林博文／102 年 8 月 28 日／A15 版

- 《名人誌：黑人民權領袖馬丁路德金恩》(*Martin Luther King: The Man and the Dream*)／美國歷史頻道 (The History Channel)

近代領航人物

生命教育首選讀物

打造領航人物，激發無限潛力，打造下一個領航人物！

養成良好品格，激發無限潛力，打造下一個領航人物！

你可以像自由鬥士 曼德拉一樣找到自己的理想嗎？

你能像世界知名設計師 可可‧香奈兒一樣隨時發揮創意嗎

你想成為像搖滾巨星 約翰‧藍儂一樣的萬人迷嗎？

讀完他們的故事，你也做得到！

◆ 近代人物，引領未來航線

◆ 橫跨領域，視野真正全面

◆ 精采後記，聚焦全書要點

◆ 彩色印刷，吸睛兼顧護眼

全系列共二十冊
陸續出版

國家圖書館出版品預行編目資料

馬丁‧路德‧金恩 / 胡其瑞著;簡志剛繪.－－初版二
刷.－－臺北市: 三民, 2018
面; 公分.－－(兒童文學叢書/近代領航人物)

ISBN 978–957–14–5875–5 (平裝)

1. 金恩(King, Martin Luther, Jr. , 1929–1968) 2. 傳記
3. 通俗作品

781.08   102026010

© 馬丁‧路德‧金恩

著 作 人	胡其瑞
繪 者	簡志剛
主 編	張燕風
發 行 人	劉振強
著作財產權人	三民書局股份有限公司
發 行 所	三民書局股份有限公司
	地址　臺北市復興北路386號
	電話　(02)25006600
	郵撥帳號　0009998–5
門 市 部	(復北店) 臺北市復興北路386號
	(重南店) 臺北市重慶南路一段61號
出版日期	初版二刷　2018年6月修正
編 號	S 782340

行政院新聞局登記證局版臺業字第○二○○號

有著作權‧不准侵害

ISBN 978–957–14–5875–5 (平裝)

http://www.sanmin.com.tw 三民網路書店
※本書如有缺頁、破損或裝訂錯誤,請寄回本公司更換。